お客さまの**声**から見つける
売り伸ばし戦略

「感性

KANSEI Marketing

マーケティング」

一般社団法人　日本マーケティング・リテラシー協会
代表理事 **森田広一**　理事 **堀内香枝**

同文舘出版

〈 はじめに 〉

　近年、「推し活」という言葉を頻繁に聞きます。

　推し活の対象は、タレントやアイドルといった "人" だけにとどまらず、文房具や生活用品、食品にまでその裾野を広げています。

　自分の好きな色、好きなキャラクター、かわいい、おいしいと感じるものを、もっと多くの人と共有したい、賛同してほしい。推し活をする人の活動範囲は無限に広がっていて、企業も推し活の対象にしてもらえるような商品デザイン、サービス開発をして、販売促進に活用しています。

　ところで、推し活を行なっている人たちは、その対象をどうやって決めているのでしょうか?

　当然、「好きだから」ということになるのでしょうが、その「好き」になるという判断は、何が成せる業なのでしょうか?

　それは、人が持つ「感性」が成せる業なのです。

　好きな色、好きな花、好きなアイドル、好きな食品、好きな雑貨、好きなブランド。すべて人が持つ「感性」が反応しています。

　ものが溢れ返り、自分が何をほしいのかさえわからなくなる社会において、より豊かになるためには何が必要で、何が不必要なのか

を判断してくれる能力が「感性」です。

　日本という国は四季があり、季節による自然の変化を享受することのできる国です。降り積もる雪、若葉や新芽の緑、太陽のさんさんとした光、真っ赤に色づく木々の葉。そのすべてが人を刺激し、豊かな「感性」を育むのです。日本人は世界でも優れた「感性」を持つ民族だと言われています。

　そのような豊かな「感性」を持つ人たちに対し、自社の商品やサービスを受け入れてもらうためには、顧客の持つ「感性」を理解しなくてはなりません。
　経済産業省が、2007年に発表した「感性価値創造イニシアティブ」というレポートにおいても、これからの時代は今までのようにつくり手のこだわりだけでものづくりを行なうのではなく、使い手のこだわりを理解し、感性に訴える「共創」という考え方が必要不可欠だと説いています。
　感性価値こそ、人々の感動や共感を生み出し、経済価値を高めるものであり、プラスアルファの価値を生むということです。

　マーケティングの側面から考えても、かのドラッカー（「現代経営学」の生みの親。経営学者）も、顧客を魅了する企業は、【持続

的に成長し、利益を上げていく合理的な側面】と【人の琴線に触れる、エモーショナル（感情的）な側面】の両面を併せ持たなければいけないと言っています。

　このエモーショナルな側面こそ、人が持つ「感性」を意味します。

　お客さまが何を思っているかわからない状態が延々と続くと、時間が経つにつれ、商品は売れなくなります。

　理由は、社会も技術も制度も自然環境も、日々変化しているからです。

　人間は、変化している環境の中で、よりよい暮らしを続けたいと思っています。

　少し昔の話になりますが、第二次世界大戦の直後（1945 年）は、モノが足りない時代だったので、顧客の声を聴く必要はなく、モノをつくればつくるだけ売れる時代でした。

　その後、日本は急成長し「成長社会」になりましたが、モノが充足すると、「成熟社会」へと移り変わりました。

　「成熟社会」とは、ごく単純に言えば、誰もが必要なモノを持っているので、持っているモノが古くなって使えなくなったら買い替える、その時にしかモノが売れなくなるということです。

しかし、現実社会はそんなことはありません。新商品が次々と生まれていますし、その中で売り上げと利益を伸ばしている会社も多く存在しています。それは、社会も技術も制度も自然環境も日々変化していて、人間の感性と化学反応を起こしているからです。

　利用用途は同じでも、新しく販売されたもののほうが、自分の価値観（気持ちや心に刺さる）に合っていると感じ（これが感性）、新しいものを購入するのです。

　社会や顧客ニーズの変化（感性）を上手に読み解いて、適応させていく会社が、売り上げを伸ばすことに成功しているのです。

　私たち一般社団法人日本マーケティング・リテラシー協会は、前身の活動を含め、約30年にわたり人の持つ「感性」を分析しマーケティング活動に活用する研究と実務サポートを行なってきました。

　本書では、その事例をわかりやすく解説していきます。消費者心理を理解し、顧客にどうやってアプローチしていけばよいかを学んでいただきたいと思います。

　現代の企業活動は、すべての部署が連携しなければ売り伸ばしを実現することは難しくなっています。マーケティング部門の方だけではなく、すべての社会人に学んでいただき、企業活動に役立てていただければ幸いです。

お客さまの声から見つける売り伸ばし戦略
「感性マーケティング」

CONTENTS

はじめに

Part 1　「感性マーケティング」で見える未来

1章　「感性マーケティング」で企業の未来を創造する
―― 「ものづくり」ではなく、感動、
共感を生む「もの語り」が価値を創出する

1　100円アイスクリーム大ヒットの秘密 ······· 14
【人は欲求を内在している】

2　今は競争力強化が不可欠な時代 ······· 19
【モノが充足している今、人は心の充実を求めている】

3　理性と論理だけでは人は動かない ······· 21
【人は「感性価値」によって判断し動く】

**4　つくり手と使い手のこだわりによる「感性の融合」が
「感性価値」を生む** ······· 22
【感性を取り込むマーケティング活動の必要性】

2章　「感性マーケティング」って何?
―― マーケティングに人間の感性を取り込む

1　感性って何? ······· 26
【刺激を受け取ってから表現するまでの能力】

2　日本人の感性の象徴「湯のみ」 ······· 29
【日本人と西洋人の感性の違い】

3　マーケティングデータについて ······· 31
【「定量」と「定性」の2種類、顧客を知る4つの変数】

4　「感性マーケティング」とは何か ······· 34
【お客さまの声から見つける売り伸ばし戦略】

CONTENTS

5 モヤモヤとした霧を晴らしながら前進する 40
【勝ち抜くために必須の「感性マーケティング」】

3章 マーケティングは何の役に立つのか？
——マーケティングの目的はシンプル

1 マーケティングの目的とは何か 44
【経営学者コトラーの言葉】

2 マーケティングをシンプルに捉えよう 46
【確立された基本理論】

3 フレームワークを使う場面に注意しよう 52
【基本理論を体系立てて覚えておく】

4 「マーケティング」と「フレームワーク」と「感性」の関係 55
【「感性」を投入する場面を確認する】

5 感性を商品に投入しないとどうなる？ 58
【顧客が何を思っているのかわからないから、売り方を間違える】

Part 2 事例で学ぶ「感性マーケティング」

1章 ソフトクリームの本質的価値とは何？
—— ミニストップのオリジナル商品が売り上げ2倍に

1 プロジェクトの課題 62
【ソフトクリームの売り上げを2倍にする】

2　「あなたにとってソフトクリームとは何?」　……………… **64**
　　【定性情報を量的に分析】

3　ソフトクリームの市場環境　………………………………… **68**
　　【事前の情報整理】

4　潜在顧客は４０代女性　……………………………………… **70**
　　【新規ターゲットの発見】

5　「物語」が消費者の感性に訴える　………………………… **73**
　　【母と娘が連れ立って来店し、売り上げ2倍に】

2章　ちゃんぽんをどんな時に食べたい?
　　── 商品の強みを再認識して売り上げV字回復

1　プロジェクトの課題　………………………………………… **76**
　　【売り上げV字回復に向けて】

2　たくさん種類のある麺類の食べ方　………………………… **77**
　　【いつ、どこで、誰と、どんな理由で】

3　栄養バランスを考えて食べる健康意識が高い顧客　……… **79**
　　【ちゃんぽんを食べるニーズ】

4　「食べたい」と「入りやすい」　…………………………… **81**
　　【顧客が"自分向き"と感じるお店】

5　「何か変だぞ?」から「いつものお店」へ　……………… **83**
　　【付加価値戦略によるV字回復】

CONTENTS

3章 美容施術を受ける動機は何?
—— 自由診療で新規患者を獲得する

1 **プロジェクトの課題** ································ 86
　【新分野に参入し新規顧客数を一気に拡大させる】

2 **施術を受けたい人は多いが、受けた人は少ない** ········ 88
　【施術経験者と未経験者の違いを知るために】

3 **未経験者は美容皮膚科を理解していない** ············ 90
　【存在は知っているけど、何をしているところかわからない】

4 **施術を受けたい気持ちと行動のギャップ** ············ 95
　【ボトルネックの軽減】

5 **期待感を高める3要素** ·························· 97
　【新規患者獲得の道筋づくり】

4章 高齢者は意外なことを望んでいた
—— シニア向け事業開発のヒント

1 **プロジェクトの課題** ····························· 102
　【高齢者向け新規事業開発】

2 **「もらってうれしかったプレゼント」と「もらいたいプレゼント」** 103
　【喜んでくれたと思っていたら……】

3 **60歳はシニアではない** ························· 105
　【いつからシニアを意識するか】

4 **シニア世代の特徴** ····························· 107
　【高齢者の実態把握】

5 **収益を上げるために準備すべきサービス** ············ 110
　【シニア向けサービス開発の優先課題】

5章 超忙しい子育てママには健康アプリもお手上げ
── 健康アプリのコンセプト評価

1 プロジェクトの課題 ········· **112**
【新製品健康アプリのコンセプト評価】

2 定量調査によるコンセプト評価 ········· **114**
【評価は上々!　と思いきや……】

3 定量調査では見えなかった本音 ········· **116**
【生活者の深層心理を浮かび上がらせる】

4 市場投入戦略の大幅修正 ········· **119**
【マーケティングの基本と生活者の本音の融合】

6章 多種多様な企業における「感性マーケティング」事例
── 業種業態にとらわれない「感性マーケティング」の活用

1 プロスポーツチーム ········· **126**
【スタジアム観戦者数の向上】

2 葬儀事業 ········· **130**
【葬儀からシニアマーケットへの事業拡大】

3 外食事業 ········· **133**
【売り上げ不振の理由解明】

4 薬品メーカー ········· **137**
【風邪薬のシェアアップ】

5 乳飲料メーカー ········· **139**
【幼児向け飲料の競合対応策】

CONTENTS

Part 3 これからのマーケティングに必要なこと

1章 真の競合を理解する
── 溢れる商品やサービスの中から見極める

1 「パソコン」の競合は「旅行」 144
【争う相手は意外なジャンルにいた】

2 「高級鉢花」と「ペット」に共通するキーワード 147
【「癒される」ではない……?】

3 街の本屋さんが消えた理由 149
【「考えてみれば、確かに……」がヒントになる】

4 企業には、「見えない競合」が存在する 150
【「見えない競合」を見つける「感性分析」の真骨頂】

2章 日本人の感性
── 四季のある国に育った豊かな感性

1 今、改めて考えたい日本人の「感性」 152
【科学技術もAIも想像できない人間の思考】

2 農耕民族と狩猟民族 155
【ルーツ、本能が働きかける】

3 「湯」という言葉 157
【日本語が持つ豊かさ】

4 「顔パンツ」と「鬼滅の刃」 159
【世相を映す「感性」】

5 日本語の変化 162
【言葉は時代を表わす】

6 「感性」も変化する ·· **164**
【「感性」は世の中の変化に呼応する】

3章 よいアンケートのつくり方
―― アンケート設計の基本知識

1 「感性データ」の位置付けについて ······················· **168**
【マーケティングデータの中の感性データ】

2 アンケート設計の際、何に気をつければいいか ········· **172**
【アンケート設計の3ポイント】

4章 すぐできる「感性マーケティング」のやり方
―― やってみよう! 誰でもいつでもはじめられる!

1 アンケート設計 ··· **186**
【取り組みのテーマについて】

2 フリーアンサーのコーディング ·························· **189**
【アンケート回収後から集計までのステップ】

3 キーワードを集計する ······································· **193**
【フリーアンサーを定量的に集計する】

4 集計結果を読み取る ·· **198**
【顧客のニーズを的確に把握する】

5 フリーアンサーの役立て方の再確認 ···················· **201**
【フリーアンサーは「キーワードとフラグ」に変換して分析】

6 フリーアンサーはマーケティング活動に大いに役立つ ······ **204**
【顧客の声を活用しよう】

おわりに

カバー・本文デザイン　池田香奈子
イラスト　matsu（マツモトナオコ）

Part 1

「感性マーケティング」で見える未来

1章

「感性マーケティング」で
企業の未来を創造する

——「ものづくり」ではなく、感動、
　　共感を生む「もの語り」が価値を創出する

Marketing

1

100円アイスクリーム
大ヒットの秘密

【人は欲求を内在している】

▶ "もっと売れる"ために理解しておくべきこと

みなさんは、"ガラケー"と呼ばれる携帯電話を使用していた時、スマートフォンのように操作できる携帯電話がほしいと思ったことはあるでしょうか？　少し年配の方でしたら、ソニーが「ウォークマン」という商品を世に出す前に、歩きながら音楽を聴くことのできるポータブルオーディオプレイヤーを買いたいと思ったことがあるでしょうか？

多分ほとんどの方は、考えたこともなかったと思います。しかし、それらの商品は、発売されると多くの人を驚かせ、爆発的な売り上げを獲得したのは周知の事実です。

どちらの商品も、**まったく新しい文化を創造し、市場の拡大を成し得た商品**と言えるでしょう。

つまり、**「一般消費者が自分の欲求を具現化できずに、既存の商品で満足せざるを得ないでいる」**ということが、さまざまな業界で起きているということなのです。

ですから、その内在している消費者の欲求を把握し、満足させられる商品を開発できたら、大ヒット間違いなしと言うことができる

14

のです。

▶ 画期的アイスクリームの登場秘話

　食品業界でも、同じように画期的な商品が生まれ、市場の拡大に成功した例があります。

　大手乳業メーカーであったＡ社が1990年代に発売したアイスクリームは、それまでの既成概念を打ち破り、アイスクリームのポジションを大きく拡大しました。

　実は、発売初年度から大きな売り上げを獲得した裏には、前述した「内在している消費者の欲求」を的確に把握し、売上予測を行なった調査・分析による裏付けがあったのです。

▶ はじまりは、Ａ社社長からの売上予測依頼

　その調査のはじまりは、Ａ社社長からの「売上予測をしてほしい」というご依頼でした。

　「今、新しいアイスクリーム『Ｓ』を開発中で、来年に売り出そうと思っている。私は絶対売れると思っているのだが、どのくらい売れるか、売上予測を出してほしい」

　大手Ａ社の社長がご自身で売れると思っているのに、なぜ売上予測が必要なのかというと、今までの商品より多くの量を売るには、その量をつくるための生産ラインを拡充しなくてはならず、そのた

めには大きな投資が必要で、取締役会の承認を得なくてはいけない
からということでした。

　企業ではこのように、社内決裁が必要な場合が数多くあります。
そして、社内決裁をスムーズに通すには、データに裏付けられた説
得材料が必要です。そのためには、調査・分析が必須のものとなる
ということです。

▶ 調査設問にこそ、本音を聞き出すカギがある

　我々は、社長から新商品Ｓの商品概要をお聞きして、早速、調
査設計に入りました。

　消費者のアイスクリームの購入頻度や、どのような商品を購入し
ているかなどの設問を用意しましたが、肝になった設問は次の２
問でした。

① あなたは、現在、どのような場面でアイスクリームを食べてい
　ますか？（フリーアンサー）

② あなたは、アイスクリームをどのような場面で食べられたらよ
　いと思いますか？　ご自由にお考えください。（フリーアンサ
　ー）

　お気づきでしょうか。この２つの質問は、前述した「内在してい
る消費者の欲求」、つまり、**「本当はこんな時に食べたい」**という本
音を聞き出すものなのです。

16

既存のアイスクリームでは、「本当はこんな時に食べたい」という本音に適合しない場面があって、そこに新商品Sが当てはまれば、まさしくブルーオーシャン(※)となって、アイスクリームのまったく新しい市場が生まれるはず。その市場の規模を算出すれば、自ずから売上予測ができることになる。このように調査設計を行なったのです（※ブルーオーシャン〈ブルーオーシャン戦略〉とは、従来存在しなかった市場を創造することにより、他社と競争することなく事業展開ができる市場のこと。反対に、競合がひしめき、血みどろの戦いを強いられる市場のことをレッドオーシャンと呼ぶ）。

▶ 年間100億円商品の創出

　調査の結果は、想像通りでした。現在食べている場面には、既存のアイスクリームで適合する商品がありましたが、**"食べたい場面"には、既存商品に適合するものはありませんでした。**

　新商品Sは、その食べたい場面にも、もちろん現在食べている場面にも適合していたのです。

　後は、それぞれの場面が消費者の生活においてどのくらい存在するのかという利用頻度の設問と突き合わせれば、売上予測が完了します。

　我々は役員会に呼ばれ、調査・分析の結果をご報告することになり、**「新商品Sは、年間100億円売れます！」**と発表しました。

　当時、他企業を含め、アイスクリームはどの商品も年間30億円以上売り上げたことがなく、役員の多くは疑念を持ったままの反応でしたが、調査結果というデータを提示されたことで設備投資が承

諾され、市場投入を行ないました。その結果、**新商品Ｓは、年間120億円という、それまでの市場の既成概念を覆す驚異の売り上げが達成されました。**

▶ **当然、売れる要素が満たされた開発商品であった**

　もちろん、商品開発の時点で、商品そのものに消費者に受け入れられる要素がしっかりと用意されていたことが成功の大前提です。

　Ａ社という大手企業ですから、消費者のニーズや社会環境の変化をしっかりと調査・分析した上での開発商品でしたので、当時の消費者の望む商品ができあがっていたのです。

　ただし、どのくらい需要があるか、どのくらい売れるかという数値が算出できず困っていたところに、我々の調査・分析がお役に立ったということです。

　それは、前述した、たった２問のフリーアンサーによる設問で、消費者に内在する本心を探り出したという調査・分析でした。

今は競争力強化が不可欠な時代

【モノが充足している今、人は心の充実を求めている】

▶ 「モノの充足」ではなく、「ココロの充実」を目指すべき

現代社会は成熟し、必要なモノはなんでも揃っている"モノ溢れ"の時代です。どの商品カテゴリーでも、「これだけ多くの商品が発売されていて、本当に全部が売れるのか？」と疑問を抱くほど、数多くの競合商品が市場にひしめいています。

ここ数年の物価上昇も続き、ますます競争は激しくなる中、商品セールス力の向上が企業の生き残りに直結します。

数多くある競合商品の中で生き残る、売れるためには、差別化が必須です。そのためには、改めて消費者にとってどのような商品が「よい商品か？」を考えるべきです。

モノが溢れ、必要なモノは何でも揃っているとなれば、何が新しい商品を購入する動機になるのでしょうか？

それは、**消費者の「ココロの充実」を満たす商品**にほかなりません。

自分にとって「意味がある、価値がある」と感じられる商品だけが迎え入れられ、その商品が長く愛され続けることになるのです。

▶ 「感動」「共感」が価値を生み、消費者に受け入れられる

　世の中に認められ売れている商品は、一見、つくり手のこだわりや高度な技術や機能、デザインによって受け入れられていると捉えられがちです。しかし、実はその裏にある、つくり手のコンセプト、美意識、趣向などを知った時に、「感動」したり「共感」した、という**使い手の感情・感性が存在する**のです。

　つくり手のこだわりやスピリットといった感性が、使い手に響き、伝わった時、**使い手の感性とつくり手の感性が共鳴し、新しい価値が生まれ、「経済価値＝売れる商品」**が創出されるのです。

3 理性と論理だけでは人は動かない

【人は「感性価値」によって判断し動く】

▶ 「いいもの」だけでは、モノは売れない

つくり手と使い手の感性が共鳴し、生み出された新しい価値を、**「感性価値」**と定義します。

「感性価値」とは、つくり手のこだわりが使い手の感性に働きかけ、感動や共感を生み、「経済価値＝売れる商品」として認められることです。

今までお話ししてきたように、今の世の中いいものという理由だけではモノは売れません。優れた技術力によりつくられた商品でも、**「消費者の求める価値＝感性」に響かなければ売れない**のです。

触った時の触感、使った時の使いやすさといった、五感に響く素材や加工など、細部にまでこだわった繊細な心遣いが使い手に届いた時に、使い手は自分にとって必要なモノ、価値ある商品として理解し、購入するのです。

「感性」については、次章で解説します

つくり手と使い手のこだわりによる「感性の融合」が「感性価値」を生む

【感性を取り込むマーケティング活動の必要性】

▶ 「感性価値」がブランド力を向上させる

「感性価値」を持つ商品を創出できれば、売れる商品となり、企業の未来を築いていけます。そのためには、マーケティング活動に、「感性」を取り込む必要があります。

売れる商品を創出できれば、つくり手側が豊かになるのは当然ですが、価値を手にした使い手側も、自分がほしい価値を生活の中に取り入れ、心が充実し、豊かな生活を得ることができます。

さらに、豊かな生活を得た使い手は、**その商品を提供してくれたつくり手（企業）に対し、信頼感を持ち、またその企業の商品を買いたいと思います。つまり、企業としての「ブランド価値」が高まる**のです。

そして、価値の共有を行ない続けることにより、「価値ある商品＝売れる商品」を継続的に創出することができるのです。

このサイクルを実行し続けていけば、つくり手と使い手の共創による価値の創造が循環し、つくり手（企業）と使い手（消費者）の両者の満足（豊かさの確保）が続き、企業は収益を確保することができます。

「感性価値」は、今までお話ししてきたように、つくり手側が自分の思い込みだけでモノをつくっていては生まれません。

「使い手の価値観＝感性」を理解しなくてはいけません。そのためには、使い手の感性情報を収集し、分析し、マーケティング活動に取り入れるノウハウが必要になるのです。

Part 1

「感性マーケティング」で見える未来

2章

「感性マーケティング」
って何?

—— マーケティングに人間の感性を取り込む

Marketing

1

感性って何？

【刺激を受け取ってから表現するまでの能力】

▶ 「感性」の正体

　本章では、「感性」とは何か、「感性マーケティング」とは何かについて解説していきます。そして、「感性データ」をマーケティングに取り込むメリットについても学んでいきましょう。

　「感性」という日本語は、海外でも「Kansei」と言えば意味が伝わるほどポピュラーになっています。

　「感性」とは、**人間が外界からの刺激を感覚（五感など）で受容し、処理し、表現する能力**のことです。

　学問の歴史の中で「感性」に関する研究に関心が高まってきたのは 1970 年前後からです。その頃、マーケティングの視点は、プロダクトアウト（消費者の「ないから買う」という行為。企業側の視点での商品づくり）からマーケットイン（消費者の「よいものを買う」という行為。消費者や生活者のニーズに応える商品づくり）へ変化していた頃でした。

感性とは

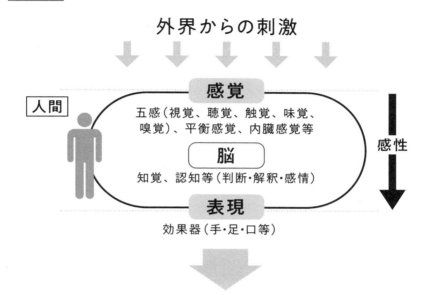

　「感性」は下記のように各分野において研究され、さまざまな表現がされていましたが主旨は同一です。

＜各分野における表現＞
① **情報科学分野：主観的であり説明不可能な働き**
　外界からの刺激に対する表象であり、主観的であり、論理的に説明しにくい生成プロセスである
② **デザイン学分野：先天的な性質に加えて知識や経験の認知的表現**

知識や経験に基づいて後天的に学習される認知的な表現能力のことである

③**言語学、デザイン学、情報科学分野：直感と知的活動の相互作用**
直感的な創造と知的活動としての記述の相互作用を行なう心の働きのことである

④**芸術学、造形学、ロボット工学分野：特徴に直感的に反応し評価する能力**
美や快などの価値に対して直感的に反応し評価する能力である

⑤**感性情報処理分野：イメージを創造する心の働き**
生成されたイメージを情報として再生産し、創造する心の働きである

私たちは、外部から太陽の光や自然の景色、地域の文化、周囲の人との接触、人々の声や言葉、料理、運動、映像、音……など、普段、いろいろな刺激を受けています。それらの刺激を感じ取る「受容」から「表現」までが「感性」の範囲と言うことができます。

▶ **日本人は五感に鋭敏な民族**
日本は四季に恵まれた国です。そのため、日本人は世界の中でも五感に鋭敏な民族と言われてきました。それでは、私たち日本人はどのような感性を持っているのでしょうか。次の項目で解説します。

日本人の感性の象徴「湯のみ」

【日本人と西洋人の感性の違い】

▶ 「湯のみ」に取っ手がないのはなぜ？

　暮らしのさまざまなものから、民族や他人との「感性」の違いを発見するきっかけになるお話を紹介します。

　日本の「湯のみ」に、「取っ手」がついていないのはなぜだと思いますか？　ティーカップにもコーヒーカップにもマグカップにも「取っ手」がついていますが、湯のみにはついていません。

　「湯のみ」とは、「湯飲み茶わん」の略称です。お茶を飲むための器としてつくられたもので、熱いお茶を入れるのに、なぜ取っ手をつけなかったのでしょうか？

　まず、取っ手がないから、手のひらで飲み物の温度を感じることができますね。とても熱かったら少し冷ましてから飲もうという判断ができます。

　また、湯のみを手に持つことにより、湯のみそのものの器の質感を感じることができます。"ざらっ"としている手触りの陶器の湯のみ、"つるっ"とした感触の磁器の湯のみ。さまざまな手触りの湯のみを楽しめます。

　そうすると、手にした時の感触や、見た目の風合いを、五感で感じ取る機会が生まれます。日本の文化に触れるひと時を楽しめるの

です。なんとも、粋で繊細なつくりものですよね。
　湯のみのように、自分の身のまわりのものを改めて見直してみると、暮らしの環境によって「感性」が違うことに気づけそうですね。

マーケティングデータ
について

**【「定量」と「定性」の2種類、
顧客を知る4つの変数】**

▶ 「定量データ」と「定性データ」

　「感性」の話が続きましたが、ここでマーケティング業務の中で扱うデータ（情報）の種類を確認しておきましょう。

　マーケティングや事業を遂行する中で、販売データや売上データ、財務データといった数値で表わされている「定量データ」は、必ず分析対象のデータとして扱われてきました。

　「顧客数は昨年より○人増えた」「今期は○○円の利益が出た」「前年比○％増加した」のようにです。必ず分析される理由は、数値データは扱いやすいからです。

　しかし、**世の中、実は数値データのほうが少ないのではないでしょうか**。普段、ネット検索して探している情報、読んでいるニュースや記事、本、家族・友人・仕事関係の人たちとの会話、聴いている音楽、都会の景色や自然の風景など。これらのように**数値以外で表わされている情報を「定性データ」と言います**。

　つまり、**「人間の感性で表現されたこと」は、「定性データ」**です。

▶ 顧客を知る4つの変数

「でも、定性データは分析できるの？」と思われたかもしれません。ずばり、定性データは分析できます。そのままでは分析できませんが、誰でもすぐにはじめられるやり方があるので、詳細はPart 3 の 3 章・4 章でご説明します。

　顧客や消費者のニーズを知りたい場合、取得する情報は、次の 4 つの変数に分類して考えることができます。

①人口統計変数（デモグラフィック変数）

　人口統計変数は、年齢、職業、所得、家族構成、居住形態など、顧客がどんな人かを大まかに知るのに役立つ情報です。定性データが多いように見えますが、お客さまの姿形の概要を理解するための一般属性と呼ばれる項目が多く、最初からカテゴライズ（分類）されていて、定量的に扱われています。

②地理的変数（ジオグラフィック変数）

　地理的変数は、地域、気候、地理・地勢、風土など、顧客がどのような地域環境で育ったか、あるいは、現在どのような地域環境で暮らしているかを把握するのに役立つ地理的情報です。商圏人口などエリア戦略で必要な定量データが多く含まれます。

③行動変数（ビヘイビアル変数）

　行動変数は、訪問回数、滞在時間、検索履歴、購入商品、購入金額、スマホの GPS 位置情報など、顧客の行動を知るのに役立つ情報です。ほとんどが定量データです。

④心理的変数（サイコグラフィック変数）

心理的変数は、ライフスタイル、パーソナリティ、志向性、価値観、意志、考え、意見、感想など、顧客が"なぜ"そう思うのか、あるいは、これからどうしたいのか、"なぜ"決断したのかなど、購買行動を起こす背景を知るのに役立つ情報です。ほとんどが定性データです。感性データもこの変数に含まれます。

また、化粧品などを使用した使用感や、スポーツ観戦に行った際に感じた体感なども、商品（製品・サービス）の改善や新商品開発に役立つ情報です。

顧客を知る4つの変数

デモグラフィック変数 （Demographic） 人口統計変数 （年齢、職業、所得、家族構成、居住形態など）	サイコグラフィック変数 （Psychographic） 心理的変数 （ライフスタイル、パーソナリティ、志向性、価値観、意志、考え、意見、感想など）
ジオグラフィック変数 （Geographic） 地理的変数 （地域、気候、地理・地勢、風土など）	ビヘイビアル変数 （Behavioral） 行動変数 （訪問回数、滞在時間、検索履歴、購入商品、購入金額、スマホのGPS位置情報など）

「変数」とはデータを入れる箱のこと。データの種類や項目と理解してもOK。「データ」は基礎資料、事実、科学的数値を指すよ

「感性マーケティング」
とは何か

【お客さまの声から見つける売り伸ばし戦略】

▶ 「感性マーケティング」って何？

　ここまで「感性」と「定性データ」について理解を進めてきました。この項目では「感性マーケティング」はどういうものか、大まかに理解します。

　「感性マーケティング」とは、人に寄り添うものづくり（サービスも含む）から提供、顧客との長期的な関係づくりまで、仕組みをつくり事業の成果を持続的に実現する活動の要所において「感性データ」や「定性データ」を活用していくことです。

　本書で述べる「感性マーケティング」とは、今ある商品・サービスを売り伸ばすため、あるいは、長くお客さまに愛用していただくために、お客さまの声を上手に活用して、戦略や対策に役立てることです。

　2007 年に経済産業省が発表した「感性価値創造イニシアティブ」というレポートの中で、感性が経済価値を生み出すことについて次のように記されています。

　作り手の感性に由来するこだわりやスピリットが、（中略）「もの

34

語り」として生活者の感性に訴え、感動、共感、共鳴を得たとき、それは特別の経済価値を生み出していく。

少し説明をつけ加えさせていただくと、これからの時代は、企業側（つくり手）の思いだけではなく、顧客側（使い手）の価値観を理解する、共に創る「共創」という考え方が欠かせません。そして、この「共創」という考え方を実践すると「付加価値」が高まります。その「付加価値」が「経済価値」を生み出すのです。

感性が経済価値を生む

※上図は筆者が「感性価値創造イニシアティブ」（経済産業省2007年）を元に編集したものです。

▶ 「感性マーケティング」は誰が行なうか

「感性マーケティング」は、企業の中で、**「顧客の意識」や「ステークホルダーの考え」を知る必要がある／知っておいたほうがよりよい内容の仕事をしている人**が業務に取り入れるべきです。

具体的な部門で言うと、経営戦略部門、マーケティング部門、商品開発部門、営業部門、販売促進部門、広報部門、企画部門、研究

部門、ブランド戦略部門、品質保証部門、カスタマーセンターなど
があげられます。

▶ 人の感性をデータで取得する方法

感性データを収集する方法はさまざまな種類があります。主な方法には下記のものがあります。なお、本書の中で登場する「感性データ」は、①感性評価＜質問法＞の「アンケート」方法で取得したデータです。

①感性評価
＜質問法＞

調査目的に沿って設問を設計して、回答者に質問形式で調査を行なう方法です。その一般的な方法が「アンケート」です。また、直接対象となる人たちと対話しながら調査員が質問をし、回答者の意見や感じたことを聞き出す「インタビュー」方式もあります。

＜傾聴法＞

横から傾聴してデータを収集する方法です。例えば、楽天市場やアマゾンの商品を購入した人のレビューなど、各種サイト上に投稿されたクチコミや、SNS に投稿された商品やブランドに関する主観的な感想です。情報を取得する際は、各サイトの規約に沿う必要がありますのでご注意ください。

＜観察法＞

対象を観察して調査を行なう方法です。例えば、ホームページの

ユーザビリティテスト（使いやすさの分析）では、視線計測（アイトラッキング）がよく知られています。

<実験法>
対象に対して検証したいモノやコトを準備して、その反応を調査する方法です。例えば、新製品の試作品を試してもらうことなどです。

②官能評価

人の感覚（味覚、嗅覚、視覚、聴覚、触覚）を利用して評価する方法です。食品分野においては、お米の食味試験など、おいしさを評価するために用いられています。

③感性計測
<心理的側面の計測>

代表例は「SD法」です。「明るい－暗い」といった対立する形容詞の対（主に反対語）を用いて、5段階や7段階の尺度で回答者に評価してもらう方法です。

＜生理的側面の計測＞

　脳波や心拍の変動、表情筋（顔の目や口、鼻などを動かす筋肉）を計測して心の状態を測定するなどの方法があります。

＜その他の感性計測＞

　ライブを聴いた人が感動するというような、体感をモデル化する感性計測技術も研究されています。その他、物理学、心理学、生理学などの多面的なアプローチとそれらの関係も研究されています。

▶ 定性データの「テキスト」分析の機運が高まっている

　2022年11月に「ChatGPT」（米 OpenAI 社）がリリースされたことで、**「テキスト・ことば」分析**に対する注目度が急速に高まっています。ChatGPT は、人間が入力した文に対して、大規模言語モデルの仕組みを使い、まるで人間のように回答してくれます。

　EC サイトや SNS などの Web サイトから情報を自動的に抽出する「Web スクレイピング」という技術やアプリケーションの市場も拡大しています。

　世界先端技術のトレンドから、「テキスト・ことば」に対する価値が高まっていることがうかがえます。

　その流れを汲んで、従来から行なわれてきた「アンケート」に関しても、**「フリーアンサー」をもっと活用しよう**という機運が高まっているのです。

　これまで、アンケートのフリーアンサー（自由記述式の回答）は、分析されずに目を通して終わり、あるいは、ワードクラウド（どの

ようなキーワードが話題に上がっているのかを確認する方法)のみで済ませることが多く、企業の戦略に役立つかもしれない情報の宝を見逃していたかもしれないのです。

▶ 「定量データ」と「感性データ」の関係性

「定量データ」と「感性データ」は、かけ合わせると、より確実な戦略を立案できる関係性です。

「定量データ」から、何がいくら売れたかはわかりますが、なぜ売れたかはわかりません。「定量データ」に「感性データ」をかけ合わせて分析し、なぜ売れたかがわかれば、もっと売れる手立てを考えることができます。

このように「感性データ」と「定量データ」をかけ合わせて分析することで、マーケティングの精度を高めることができます。

「感性データ」を活用した「お客さまの声から見つける売り伸ばし戦略」の事例は、Part 2からご紹介します。

5

モヤモヤとした霧を
晴らしながら前進する

【勝ち抜くために必須の「感性マーケティング」】

▶ 流れの変わり目に気づき、次の打ち手を考える手助けになる

戦略を検討する際は「感性データ」を収集する前に、数値データを収集しましょう。その上で、目的を決めて「感性データ」を集めましょう。

商品（サービス含む）の売り上げは数値データです。数ヶ月間の推移を確認すると売り上げが上昇傾向にあるのか、減少傾向にあるのかがわかります。売り上げが上昇傾向の時はよいのですが、減少傾向の場合、その傾向が長く続くと、困った事態になります。

そうならないために、毎月、売り上げを確認した後で、販売現場に携わっている人に話を聞いたり、買ってくれた人の購入理由を確認して、「感性データ」を集めておきましょう。

そうすると、発売初期は「目新しいから」という理由で購入していた人たちが多かったのに対して、次第に「他にも目新しいものが出てきた」という意見が増えている、というような情報を得られるかもしれません。その変化は流れの変わり目ですね。

売り上げが下がり続ける前に流れの変わり目を発見できれば、訴求方法を変えようか、商品をリニューアルしようかなどの対策を早

めに検討し始めることができます。

▶ 目的を決めて感性データを集める

前項のように、売上数値の"内容"を把握する目的で、「感性データ」を集めると有益な情報となります。

反対に、漫然と「感性データ」を集めると、必要のない情報ばかりで四苦八苦することになりかねません。

繰り返しますが、**「感性データ」を集める前に、まず、課題やテーマといった目的を設定し、次に数値データを調べましょう。** その上で、もっと深く知る必要があることに的を絞って、「感性データ」を集めましょう。

すると、「感性データ」から重要な気づきを得ることができます。

▶ 競合が多数ひしめく市場で勝ち抜くために

生活するのに必要なモノが揃っている成熟社会において、多くの商品（サービスも含む）カテゴリーにおいて競合企業が多数存在します。その中で勝ち抜くためには、粗い市場分析では、よい兆候を見落とすリスクがあります。

会社のマーケティング活動の中で、自身の肌感覚で感じたことを記録し続けたり、お客さまやステークホルダーの感性データを収集しながら、原因究明や突破口となる糸口を発見する分析を継続することで、前進し続けることができる強い会社にしましょう。

Part 1

「感性マーケティング」で見える未来

3章

マーケティングは
何の役に立つのか?

―― マーケティングの目的はシンプル

Marketing

マーケティングの目的
とは何か

【経営学者コトラーの言葉】

▶ **経営とマーケティングは表裏一体**

「market」は「市場」のことで、「ing 形」（現在進行形）になった「marketing」は**「市場で売るための活動」**のことです。

では、マーケティングの目的とは何でしょう？

「経営」という言葉はよく耳にするでしょう。東京証券取引所が運営している Web サイト「なるほど！　東証経済教室」では、会社の目的を次のように書いています。

会社の目的はより良い商品やサービスを提供することで利益をあげることです。

そして、マーケティングの目的については、マーケティングの第一人者であるアメリカの経営学者フィリップ・コトラーが、最も短い言葉で、次のように教えています（『コトラー＆ケラーのマーケティング・マネジメント第 12 版』フィリップ・コトラー、ケビン・レーン・ケラー著　丸善出版）。

ニーズに応えて利益を上げること

経営とマーケティングの目的には共通する単語、「利益」が入っています。つまり、**マーケティングの目的は、「利益を上げる」こと**なのです。

▶ 利益だけを追い求めるとどうなる？

「利益を上げる」ことが目的なら、「利益だけ」を追求すればよいのかというと、そうではありません。「利益だけ」を追求しすぎると、結局は売れなくなる、あるいは、不祥事につながるといった問題が発生します。

例えば、卵が1個10,000円で売られていたら多くの人が買うでしょうか？　いくら餌や飼育方法にこだわっていることを知っても、ごく稀な趣味人しか買わないでしょう。

また、経営者が儲けを追求しすぎる会社は、社員に強引な販売をさせます。すると、社員は経営者に対して不信感を持つようになり、その様子に感づいたお客さまは、その会社の商品に魅力を感じなくなります。結局、その会社の商品は売れなくなります。

▶ 利益を生み出し続けるためには、ニーズに応えることが大切

つまり、「利益を生み出し続ける」ことと「ニーズに応える」こととは、いつもセットで考えないといけないということです。

そのことを理解した上で、最も短い言葉で、「マーケティングの目的は"利益を出す"こと」と覚えておくとよいでしょう。

マーケティングを
シンプルに捉えよう

【確立された基本理論】

▶ **マーケティングの理論とは**

マーケティングをシンプルに考えることができるのは、理論があるおかげです。

「理論」と聞くと小難しく考えてしまいがちですが、マーケティング理論とは、**利益を生み出すための仕組み**と考えてください。そして、理論を実務で使いこなすための**フレームワーク**も用意されています。理論もフレームワークも、どちらも私たちの仕事を助けてくれる道具です。

商品を売る活動は、昔から世界中で行なわれてきました。失敗した企業もあれば、成功した企業もありました。そのような失敗と成功の要因を、経営やマーケティングなどを研究する学者たちが長年研究し、失敗パターンや成功パターンを見つけ出してきたのです。

広範囲な事柄、ばらばらな情報、複雑な出来事が混在し、雲をつかむような、誰も説明できていなかったことに対して、原因と結果の関係で筋道をつけて知識を体系立てたのです。それが「理論」と呼ばれるものです。

▶ フレームワークとは

　学者たちは、会社が行き先を決めずにやみくもに走りまわるのはムダだということがわかったので、**走り出す前に理論に基づいて、どちらの方向へ走るのがよいか、地図をつくる方法**を編み出しました。それが「**フレームワーク」（枠組み）**です。

　顧客と自社と競合を分析する「３Ｃ」、戦略を考える「SWOT（スウォット）」、業界構造を把握する「ファイブフォース」など、今、私たちが使っているフレームワークと呼んでいる枠組みはすべて、長年の研究から生み出されて確立された知恵の結晶と言うことができます。

　中には、外資系コンサルティング会社のコンサルタントが、実務経験を通じて生み出した、経営環境を分類・整理する枠組みもあります。

　さまざまなフレームワークがありますが、その中から自分たちの目的に合った使い方をしましょう。

　実際、仕事の現場では、「理論」と「フレームワーク」という言葉を意識して使い分けている人はあまりいないでしょう。ですから、本書では「理論」も「フレームワーク」もすべて、「フレームワーク」という言葉で表現します。

▶ フレームワークはどんどん開発されている

　フレームワークは数えきれないほどたくさんあります。というのも、どんどん新しいフレームワークが開発されるからです。

　しかし、従来からあるフレームワークのいくつかを押さえておけ

ば、マーケティングを考える際の基本を理解することができます。
ここで、"基本の基"とも言えるフレームワークをご紹介します。

▶ フレームワークの "基本の基"

これからご紹介するフレームワークは、言葉だけでも覚えておくと便利です。会議での発言や取引先との会話がワンランクアップするでしょう。

【3C】

3Cとは、Customer（市場・顧客）、Company（自社）、Competitor（競合）の3つのCのことです。3つの視点から相対的に事業環境を分析する際に用います。

・Customer（市場・顧客）

あなたの会社や事業が売っている商品は、どの市場（分野）に当てはまりますか？　その市場や顧客のニーズはどうなっていますか？

・Company（自社）

あなたの会社や事業は、どのような商品を顧客に提供して（販売して）いますか？　顧客はあなたの会社に何を期待していますか？

・Competitor（競合）

対象としている市場で競合他社はどのような販売をしていますか？　何が顧客に支持されているかも確認しましょう。

【PEST（ペスト）】

PESTとは、Politics（政治）、Economy（経済）、Society（社会）、

Technology（技術）の４つの頭文字を取ったものです。

　自社のマクロ環境（自社が統制できない外部の環境）を分析する際に用います。海外進出する前には必ず必要な分析です。

【ファイブフォース（５F）】

　自社が属する、もしくはこれから参入しようとする業界の競争要因を５つに分けて、それぞれの力関係を分析することによって、業界構造を把握する時に用います。

　５つのフォース（力）とは、**①既存競合企業同士の競争、②新規参入企業の脅威、③代替品の脅威、④売り手の交渉力、⑤買い手の交渉力**のことです。

　③代替品の脅威、④売り手の交渉力、⑤買い手の交渉力が少し難しいので、どのような場合があるか解説します。

　③代替品の脅威とは、自社の商品と「同じ価値」を持つ商品のこと。例えば、ゲームセンターにとって、スマホのゲームは脅威となります。

　④売り手の交渉力の「売り手」とは、供給業者（サプライヤー）のことです。部品供給サプライヤーの力が勝る場合や、簡単にサプライヤーを変更できない場合、原価がかさむし、品質に制限をかけざるを得ない場合があります。そうすると、業界内における自社の競争力が弱くなるかもしれません。

　⑤買い手の交渉力とは、直接の顧客（消費者）や、販売してくれる取引先（流通）の力のことです。買い手は、値下げ、質の向上、付加サービスなどの要求をしてくることがあります。そうすると、

自社の収益が減る心配や新しい企画が必要になる場合が出てきます。

【SWOT（スウォット）】

　SWOT とは、内部環境の **Strength（強み）** と **Weakness（弱み）**、外部環境の **Opportunity（機会）** と **Threat（脅威）** の４つの頭文字を取ったものです。目的を決めて、自社の強みと機会を活かす策や、強みと脅威を組み合わせて差別化する策を検討するなど、戦略を考える時に用います。

【VC（バリューチェーン、価値連鎖）】

　バリューチェーン分析とは、**企業の価値連鎖を分析する**フレームワークです。企業の価値を高めるために、社内のどこで利益を生み出しているか、無駄なコストが発生しているかなど、内部環境を分析する際に用います。

【STP（エスティーピー）】

　STP 分析とは、**Segmentation（細分化）、Targeting（標的市場）、Positioning（優位性の明確化）** の３つの頭文字を取ったものです。

　誰に販売するのかというターゲットを決める場合、自社が優位な位置取りを決める（ポジショニング）場合に用います。

【４P ＝マーケティングミックス】

　４P とは、Product（製品）、Price（価格）、Place（チャネル）、Promotion（プロモーション）の４つの頭文字を取ったものです。マーケティング戦略を立案するためのフレームワークです。

以上が、"基本の基"のフレームワークです。

お気づきかもしれませんが、フレームワークは情報収集の枠組みから自社の価値連鎖分析、自社の優位な位置取り（ポジショニング）、戦略策定まで、企業がマーケティング戦略を考える際に必要な、検討すべき事項が網羅されています。

これらの基本のフレームワークを覚えておけば、商品の売り上げを伸ばすにはどうしたらよいかを考える時に、どんな情報を集めればよいかの見当がつき、無駄な情報収集に時間を割く必要がなくなります

3 フレームワークを使う場面に注意しよう

【基本理論を体系立てて覚えておく】

▶ フレームワークを覚える時は、目的・用途も正しく覚える

フレームワークは便利ですが、いくつかを組み合わせて使う時には、使う場面に気をつけましょう。フレームワークに当てはめる情報を間違えると、役に立たない結果しか得られないからです。

ここでひとつクイズを出しましょう。商品の販売戦略を立てるために分析をして、戦略立案を行なうという場面です。前項で紹介したフレームワークの中で、「3C」「SWOT」「4P」について、使う場面を考えてみましょう。

「3C」「SWOT」「4P」のうち、「分析」の場面で使用するものと、「戦略立案」の場面で使用するものとに分けてみましょう。

考えてみましたか？

正解は、「3C」と「SWOT」が「分析」の場面で、「4P」が戦略立案の場面で使います。

▶ 個別のフレームワークを体系立てて覚えておこう

前述の7つの基本フレームワークを、右図「戦略的マーケティングの推進体系」を見ながら、使われる場面を確認してみましょう。

52

図の上から下へ進むにつれて、経営理念やビジョンから次第に具体的なマーケティング戦略や活動に落とし込まれていく流れが表わされています。

「3C」や「SWOT」が上のほうの分析の場面にあり、「4P」が下のほう、戦略立案の場面にあります。

つまり、「4P」は分析の場面ではなく、「3C」や「SWOT」などで分析した後に、戦略に落とし込む場面で使うフレームワークです。

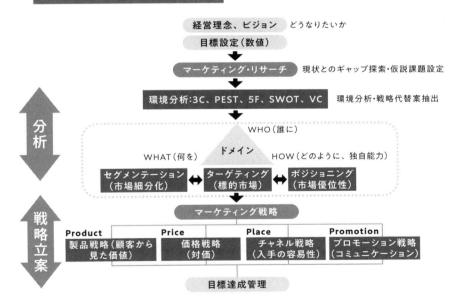

▶ 戦略的マーケティングの推進体系

　もし、普段の業務に「分析」や「戦略」という言葉が登場しない方は、次のように置き換えると仕事に結びつけやすいでしょう。

【「分析」という言葉の意味の置き換え】
⇒情報を集めて、整理しよう。

　情報を整理すると、原因や問題、事実を知ることができます。そうすると、次にどうしたらよいか、考える気づきが得られます。

【「戦略」という言葉の意味の置き換え】
⇒製品戦略、価格戦略、チャネル戦略、プロモーション戦略の「戦略」という言葉を省いて４つを分けて考えよう。

　そして、「商品・品揃えのこと」「価格のこと」「売り場づくりや販売経路のこと」「プロモーション、販促、人的販売、顧客コミュニケーションのこと」に分けて、特に自分が携わっている業務を中心に、もっと売り上げを伸ばすにはどうしたらよいかを考えるとよいです。

　その際に、自分の仕事だけに没頭せず、周囲にも意識を向けられるようにフレームワークを活用するとよいでしょう。

4

「マーケティング」と「フレームワーク」と「感性」の関係

【「感性」を投入する場面を確認する】

▶ 3Cのフレームワークと顧客の感性

では、日常のマーケティング活動の中で、「感性」はどこに登場するでしょう？

ケーススタディで考えてみましょう。あなたの会社の商品を卸している小売店の店長さんから、「最近、君のところの商品があまり売れないんだよ」と、突然言われたとしましょう。

これは何とかしなければなりません。その時に、3Cのフレームワークがパッっと思い浮かぶと、効率的に情報を集めて、なぜそのようなことになっているのか、「原因と事実」を知ることができます。

Company（自社）に関する情報収集：

「デザインが今っぽくない」という声が聞こえてきた。

Competitor（競合）に関する情報収集：

昭和レトロに着目した競合がコラボレーションしている。

Customer（市場・顧客）に関する情報収集：

昭和レトロな雰囲気が人気だと話題になっている。

このように３Ｃのフレームワークで情報を集めた結果、自社の売上ダウンの原因は、某競合他社が顧客の感性に響く商品イメージに改良したため、その競合の商品に人気が集中していた事実を確認できました。

フレームワークにインプットする情報として、「感性」は欠かせない情報なのです。

▶ ４Ｐのフレームワークと顧客の感性

次は４Ｐでも見てみましょう。４Ｐとは、Product（製品）、Price（価格）、Place（チャネル）、Promotion（プロモーション）のことでした。

【Product（製品）】

右記イラストに「こんなのがほしかった！」という吹き出しがありますね。商品の使用感、利用した際の顧客の満足感や不満感、もしくは、こうなったらいいなという期待など、顧客の感性が商品づくりから販売に影響します。

【Price（価格）】

コストパフォーマンス感という顧客の感性が、商品づくりから販売に影響します。

【Place（チャネル】

「ここなら買いやすい！」と、言っている人がいます。買いやすさ／買いにくさ、見つけやすさ／見つけにくさといった入手の容易性に関わる顧客の感性が、Place にも必要になります。

リアル店舗の売り場のレイアウトを変えるきっかけになる場合や、

Eコマースの Web ページの遷移を改善するきっかけになるなどです。

【Promotion（プロモーション】
知りたいことを知ることができる、新しい気づきがある、安心感が高まるなどのコミュニケーションが、顧客の感性に響くかどうかによって、販売を左右します。

4Pでも、3Cの例と同様に、フレームワークにインプットする情報として、感性の情報は欠かせません。

2つのフレームワーク（3C、4P）を例に、マーケティング活動の中で、フレームワークはとても身近な存在であることがわかっていただけたと思います。加えて、「感性情報」がフレームワークに投入する情報として欠かせないことも、ご理解いただけたでしょう。

5

感性を商品に
投入しないとどうなる？

【顧客が何を思っているのかわからないから、
売り方を間違える】

▶ お客さまが何を思っているかわからないとどうなるか

顧客の感性、つまり、「お客さまが商品を使ってどんなことを感じたか」というような顧客の主観的な意見を聞かなかった場合、売り上げは維持できるでしょうか？

ずばり、お客さまが何を思っているかわからない状態のままだと、時間が経つにつれ、商品は売れなくなります。

なぜなら、社会も技術も制度も自然環境も日々変化しているからです。

人は、変化している環境の中で、よりよい暮らしを続けたいと思っています。そういうことなら、変化する外部環境だけを先に観察すればよいと思うかもしれませんが、人間の感性と外部環境は化学変化を起こすので、どちらの観察も必要になるのです。

▶ 成熟社会の日本で商品を売り伸ばせるか？

「はじめに」でも語りましたが、第二次世界大戦の直後（1945年直後）は、モノが足りない時代だったので、顧客の声を聴く必要はなく、モノをつくればつくるほど売れる時代でした。

その後、日本は急成長し「成長社会」になりましたが、モノが充

足し、21世紀に入ると「成熟社会」へ移り変わりました。

　成熟社会を簡単に説明すると、みんなが必要なものを持っているので、持っているモノが古くなって使えなくなったら買い替える、その時にしかモノが売れなくなるということです。

　しかし、現実社会はそんなことはありません。新商品が次々と生まれていますし、売り上げと利益を伸ばす会社も多く存在しています。

　それは、前述したように、社会も技術も制度も自然環境も日々変化していて、人間の感性と化学反応を起こしているからです。

利用用途は同じでも、新しく販売されたもののほうが、自分の価値観（気持ちや心に刺さる）に合っていると感じ（これが感性）、新しいものを購入するのです。

　社会や顧客ニーズの変化（感性）を上手に読み解いて、適応させていく会社が、売上向上に成功しているのです。

Part 2

事例で学ぶ「感性マーケティング」

1章

ソフトクリームの
本質的価値とは何？

—— ミニストップのオリジナル商品が売り上げ2倍に

Marketing

1

プロジェクトの課題

【ソフトクリームの売り上げを2倍にする】

▶ プロジェクトの前提

　本Partでは、筆者たちが所属する一般社団法人日本マーケティング・リテラシー協会に企業様から相談があった事例を使って解説していきます。既存商品の本質の価値を知ることによって、より売り上げを高めることができることを理解していただけるでしょう。また、今売れている商品でも、売れている理由を知らないと、機会損失を起こしてしまうリスクがあることについてもお話します。

　では、最初の事例です。コンビニエンスストアが成熟期を迎えた頃のプロジェクトで、コンビニ業界の競争も激しく、当時はやる気のあるミニストップの社員たちも疲れ切った顔をしていたそうです。その様子を見かねた当時の取締役が、「社員を元気づけたい」という思いで立ち上げたプロジェクトでした。

　そのプロジェクトのテーマは「ソフトクリームの売り上げ2倍戦略」でした。

▶ 2つの課題

　プロジェクト開始前に、取締役がきちんと課題を整理されていま

62

した。

ソフトクリームを買っているのは20代の女性であることは、POSデータの分析から把握できていました。ですから、広告もターゲットを意識した「快活で飛び跳ねるような」コンテンツで訴求していました。

しかし、20代の女性に「今の2倍買ってください」と言うわけにはいきませんし、POSデータでは新しいターゲットを見つけられません。そのため、課題は次の2つでした。

課題1：ソフトクリームの本質的価値を見つける
課題2：新しいターゲットを見つける

この課題を念頭に置いて、次項でもっと分析していきます。

2

「あなたにとって
ソフトクリームとは何?」

【定性情報を量的に分析】

▶ **ソフトクリームはなぜ食べられているの?**

20代の女性に売れているソフトクリームでしたが、「なぜ売れて
いるのかわからない」「ソフトクリームを食べる理由を知りたい」
という疑問がありました。

また、顧客層を拡大するとなると、一部の層に響く訴求内容から、
幅広い層に響く訴求内容に変える必要が出てきます。

そのためにも、商品の本質的価値を知っておく必要性が出てきま
した。

すでに公開されているオープンデータから、ソフトクリームを食
べる理由を探しましたが、的確なデータが得られませんでした。

そこで、消費者アンケート(インターネット調査)の設問に、ソ
フトクリームを食べる理由について聞く設問を設計しました。

▶ **「あなたにとってソフトクリームとはどのようなものですか?」**

そのアンケートでは、ストレートに「あなたにとってソフトクリ
ームとはどのようなものですか?」と聞くことにしました。この問
いに対する回答方法はフリーアンサーでした。

フリーアンサーという自由に回答してもらう方法を取りましたが、

「わからない」と答える人がいても構わないと思っていました。ソフトクリームを食べる人は、**それぞれ価値観が違うので、一人ひとりの回答内容をいちいち気にしなくてもよいのです。全員の回答を量的に分析する**ことによって商品の特徴を捉えるのです。

▶ 予測していなかった商品の本質的価値

　次ページの図は、「あなたにとってソフトクリームとはどのようなものですか？」という問いに対するフリーアンサーを、前処理を行なった後、数量化理論Ⅲ類手法で分析した結果です（次ページのアウトプット図で解説します）。

　まずは難しく考えずに図を眺めてみましょう。
　図に示されている４つの矢印に注目してください。**「コミュニケーションの軸」「愛用の軸」「レジャー・ドライブの軸」「旅先の軸」**となっています。
　「コミュニケーションの軸」の周辺を見てみると、「子どもとのふれあい」「家族、恋人との付き合いで」「孫とのコミュニケーション」とあるので、まさにコミュニケーションの内容を回答した人たちがそこに集まっているということが読み取れます。
　他の３つの軸も同じように読んでみましょう。
　「愛用の軸」の周辺を見てみると、「一年中食べたい」「毎食後食べたいもの」とあります。つまり、ソフトクリーム愛用者の意見が出ていることがわかります。

ソフトクリームのポジショニング　数量化理論Ⅲ類分析結果

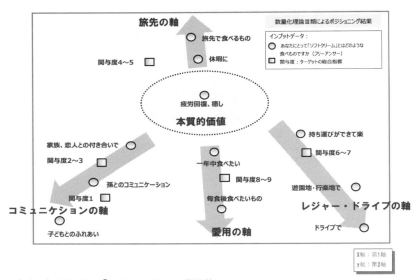

◆インプットデータ：　○フリーアンサー、　□属性
（図中では「関与度」と書いていますが、年代や性別のような属性と同様の意味）
◆アンケート回答者数：2,100人
◆数量化理論Ⅲ類とは：アンケートの複数のカテゴリーデータなど、質的データを要約できる分析手法。
◆数量化理論Ⅲ類の分析アウトプットの特徴：特徴が似通った親和性の高い項目同士が近くにプロットされたポジショニングマップが描かれる。似た内容を回答した人たちと回答内容が近くに集まるので、回答内容の特徴を把握できる。

　分析の結果、読み取れた４つの軸、「コミュニケーションの軸」「愛用の軸」「レジャー・ドライブの軸」「旅先の軸」は、実のところ、アンケートを行なう前から予測できていたニーズでした。
　そんな中、中心に**「癒し」**がプロットされたのです。これはまったく予測していませんでした。
　あらゆる属性の人たちから一定割合で「癒し」の回答があったた

め、全方向から引っ張られ中央にプロットされました。

　この「癒し」がソフトクリームの本質的価値でした。

　これまで 20 代の女性が中心の顧客だったので「快活で飛び跳ねるような」テレビコマーシャルを打っていましたが、180°逆のニーズ「癒し」が、商品の本質的な価値であることがわかりました。

3

ソフトクリームの市場環境

【事前の情報整理】

▶ **調査の焦点を絞るために事前に情報収集を行なう**

工程が前後しますが、**アンケート（調査）を行なう前に必ず２次データを収集**し、整理して、解決できたことと解決できないことを明確にすることが大事です。

２次データとは、何らかの目的ですでに収集されたデータのことで、「内部データ」と「外部データ」があります。「内部データ」は、社内だけが持っている情報です。「外部データ」は、インターネット上で公開されているすべてのデータ（国や行政、企業が発表しているデータなど）、業界団体が発行している資料、SNS 上の投稿情報などです。また、２次データに対して１次データとは、特定の目的のために直接収集される最初のデータを指します。

２次データで知りたいことが解明できれば、お金をかけて調査（１次データの収集）を行なう必要がないため、まずは２次データの収集が大切だと言えます。

このプロジェクトでは、戦略立案に必要な情報を次のように設計し、最初に２次データを収集しました。

【「市場」の情報として】

・ソフトクリームはどんな食べ物か

・国内潜在需要

・ソフトクリームの存在価値・ニーズ

【「自社」（競合企業および競合商品含む）の情報として】

・コンビニ市場における位置付け

・ソフトクリーム市場における商品の強み

【「顧客」の情報として】

・当該店舗利用者／未利用者のソフトクリームに対する感度

▶ 2次データでは課題1と課題2共に解明できなかった

　2次データからは、老若男女がソフトクリームを好きということと、ミニストップのソフトクリームの品質が高いことの裏付け（マイスター制度）などがわかりました。しかし、63ページの課題1と課題2はまだ解明できませんでした。

　そこで、課題1と課題2を解明できる設問を設計して、消費者アンケート（インターネット調査）を行ない、回答データを得ました。課題1「ソフトクリームの本質的価値を見つける」については前項で解説しました。次に、課題2「新しいターゲットを見つける」を見ていきましょう。

潜在顧客は40代女性

【新規ターゲットの発見】

▶ ひとつの尺度で測れるようにする

アンケートの結果からも、老若男女がソフトクリームを好きであることが確認できました。性別でも年代別でも、「好き」という回答に有意な差はありませんでした。違いが出たのは、次の点です。

・ソフトクリームを食べたい時に買う場所（選択式）
・デザートに何を食べるか（フリーアンサー）
・間食に何を食べるか（フリーアンサー）
・ソフトクリームの購入頻度（選択式）
・このコンビニのソフトクリームの利用経験（選択式）

これら性別や年代以外の食べ方など、複数の設問で違いが出ましたが、複数の切り口（基準）があると、誰をターゲットにしたらよいか迷ってしまい、決めきれません。

そこで、ひとつの基準で判断できるように、「冷菓度」という新しい指標をつくりました。

「冷菓度」とは、「ミニストップのソフトクリームを買ってくれる**可能性の高い人／低い人」を判別できるように、「好きなスイーツ」**

「ソフトクリームの購入頻度」など30項目程度のアンケート項目を使用してつくり出した指標です。

　30項目程度の合計得点を回答者一人ひとり計算して、個々の持ち点としました。その持ち点を基準化した指標が下図の「冷菓度」です。

冷菓度

	総合指標	%	
高い	1.02~1.22	3	
↑	0.82~1.02	6	
	0.72~0.82	12	
	0.64~0.72	14	
	0.52~0.64	21	
	0.42~0.52	19	
	0.32~0.42	15	
↓	0.22~0.32	6	
低い	0.02~0.22	4	
		100	

▶ 指標から属性へ展開する

　「冷菓度」が高い人とは、ミニストップのソフトクリームを買ってくれる可能性の高い人という意味です。しかし、「冷菓度」のままでは一体誰がターゲットなのかわかりませんので、「冷菓度」を属性に展開しました。

　すると、「冷菓度」の高い層には、20代女性と40代女性が多く入っていました。

▶ 新規ターゲットは 40 代女性！

ソフトクリームは「出来立てをその場で食べる」ものです。

特に、ミニストップのソフトクリームは、マイスターの資格を取得した技術のある店員さんが、「出来立てをその場で食べる」おいしいソフトクリームを提供してくれています。

本プロジェクトを行なった当時、40 代女性は、スーパーマーケットでアイスクリームの冷凍ケースに陳列されている、うずまき状のプラスチック容器に入っているソフトクリーム型のアイスを買うことが多いということがわかっていました。

ソフトクリーム型のアイスは好きで買っていたのに、「出来立てをその場で食べる」おいしいソフトクリームを、近くのコンビニで食べられることを知らなかったのが 40 代女性だったのです。

▶ 市場そのものに拡大のポテンシャルはあるか

当時、ソフトクリームの市場規模は横ばいでした。その市場で、全国展開をしているミニストップのソフトクリームの売り上げが 2 倍になるということは、市場規模が膨れることになるけれど、それは可能だろうか？　という疑問がありましたが、アンケートの結果から可能であることを確認しておきました。

根拠は、40 代女性がソフトクリームは好きだけれど、「出来立てをその場で食べる」ソフトクリームを食べていないことなどです。

これらの分析結果を踏まえて、新規ターゲットを 40 代女性と設定しました。

「物語」が消費者の感性に訴える

【母と娘が連れ立って来店し、売り上げ2倍に】

▶ 解明事項を総合して戦略の骨子となる「物語」をつくる

　ここでは、分析結果を戦略に結びつけましょう。分析結果を列挙すると、次の通りです。

・ソフトクリームの本質的価値は「癒し」

・ターゲットは20代女性と40代女性

・その頃の潮流は"友達のように仲のいい母娘の関係"

・イートインがあるのに店がきれい（消費者アンケート分析から、ミニストップの強みとしてこの結果も得られた）

・商品の価格は値ごろ感がある

　これらを基に、戦略骨子をつくりました。次のような内容です。

**娘が母親を誘ってミニストップへ行き、
ちょっと冷たくて甘いソフトクリームを食べながら、
店内のイートインでおしゃべりし楽しいひと時を過ごして
癒される。**

　この骨子の「物語」が、ソフトクリームの売り上げ2倍戦略の柱

となりました。

▶ **存在感を示すことができる商品**

ミニストップのソフトクリームは、創業当初から販売している商品です。お店の前にあるソフトクリームの立体看板（ミニストップオリジナルの形をしたソフトクリームのオブジェ）を見たことがある方は多いと思います。

「競合コンビニエンスストアが真似できないオリジナル商品を、売り上げ2倍にできたら社員もきっと元気になってくれるだろう」という取締役の想いからはじまったプロジェクトでした。目標の売り上げ2倍は、プロジェクト終了後間もなくして達成され、「社員が元気になったよ」といううれしいお言葉をいただきました。

20代の女性というメインターゲットに十分売れていたから、そこで満足することもできました。しかし、取締役もプロジェクトメンバーも、商品のポテンシャルを信じていたから目標を達成できたと言えるでしょう。

商品の本質の価値を見つけて、上手に伝えることで売り上げが拡大した素晴らしい事例です

Part 2

事例で学ぶ「感性マーケティング」

2章

ちゃんぽんを
どんな時に食べたい？

—— 商品の強みを再認識して売り上げV字回復

Marketing

プロジェクトの課題

【売り上げV字回復に向けて】

▶ 売り上げ減少の直前にとった施策

本章では、**自社の商品・サービスのポジションを見誤らないようにすることの大切さ**について解説していきます。そのためには、自社の商品・サービスを、顧客がなぜ利用してくれているのかを把握しておくことが必要です。その方法について学んでいきましょう。

堅調に店舗数を増やし売り上げを伸ばしていた「長崎ちゃんぽん」チェーンの「リンガーハット」が、突然、売り上げが減少した時に行なったプロジェクトのお話です。

この頃、牛丼チェーンの吉野家が、価格競争を仕掛けていました。リンガーハットも、自社をファストフード業だと認識していたので、主力商品のちゃんぽんの単価を下げる価格戦略に踏みきりました。

しかし、価格を下げて販売を開始したところ、客数が伸びるどころか反対に減少してしまったのです。もちろん、売り上げも減少してしまいました。

そこで、「なぜ単価を下げたら客数が減ってしまったのか」の原因究明を行なうことになりました。

2 たくさん種類のある麺類の食べ方

【いつ、どこで、誰と、どんな理由で】

▶ 外食シーンの中で「ちゃんぽん」はどこに登場するの？

　私たちがこのプロジェクトに取り組みはじめた際に持っていた仮説は、「ちゃんぽんはファストフードではないのではないか」というものでした。

　そこで、消費者アンケートの設問に、「いつ、どこで、誰と、どんな理由で、どの麺類を食べるか」について加えました。

　それらの回答を分析した結果が次ページの図です。

　図を見ると、左下の離れたところに、「パスタ」だけあり、他の麺類と食べ方が違うことがわかります。

　「パスタ」の右上方向には大きな塊があり、「うどん」「そば」「ラーメン」があります。それらの周辺に、「小腹がすいたとき」「手早く済ませたいから」という理由や、「一人で」食べるという回答があり、ファストフード感覚で食べられていることがわかります。

　「ちゃんぽん」は、その大きな塊の左端に位置しています。

麺類のポジショニング　数量化理論Ⅲ類分析結果

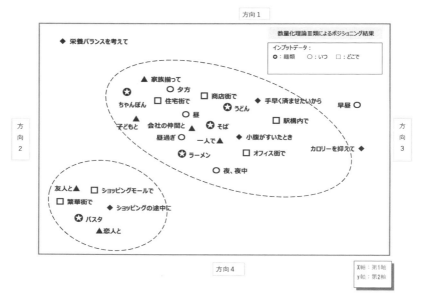

◆インプットデータ:✪印:麺類の分類名　〇印:いつ　□印:どこで　▲印:誰と
　　　　　　　　◆印:どんな理由で麺類を食べているか
◆キーワードの2つの塊を点線で囲んでいます。

3

栄養バランスを考えて食べる
健康意識が高い顧客

【ちゃんぽんを食べるニーズ】

▶ 「ちゃんぽん」の発祥は何？

ここで一度、分析結果から離れて、「ちゃんぽん」の発祥を知っておきましょう。みなさんは、ちゃんぽんの発祥をご存じですか？

明治時代、長崎の中華料理店の料理人が、貧しい中国人留学生に、おいしくて、安くて、栄養価の高い食べ物を、お腹いっぱい食べてもらいたいと思い、料理の際に出る野菜や肉の切れ端を炒めて、そこに中華麺を入れ、スープで煮込んで提供したのがはじまりです。ちゃんぽんは**愛情と栄養たっぷりの料理**なのです。

一見、知らなくてもよさそうに思う商品の発祥や歴史も、知識として頭に入れておくと、データ分析をした後、結果を読み取る精度が高くなるので、ぜひ調べておきましょう。

▶ 「ちゃんぽん」の価値は何？

ちゃんぽん発祥の知識を頭に入れた上で、もう一度、分析結果を見てみましょう。

「ちゃんぽん」は、大きな塊の左端にありました。そこからさらに左上に視線を移動させると、**「栄養バランスを考えて」**という理由があります。

「ちゃんぽん」が、大きな塊の左端にプロットされたのは、「栄養バランスを考えて」食べているという理由に引っ張られていたからでした。

つまり、顧客は、**「栄養バランスを考えた食事をしたい時に、ちゃんぽんを食べに来ている」**ということです。これがちゃんぽんの価値です。「手早く済ませたい」というニーズとは明らかに違い、健康を意識して食べられている料理という位置付けであることがわかりました。

この分析結果の図を、リンガーハットの当時の会長に報告したところ、即座に、**「競合企業の動きばかりを気にしすぎていた」**と、自社商品の強みを活かす付加価値戦略に舵を切り直しされました。

▶ フリーアンサー分析から戦略の鍵を発見

この分析にインプットしたデータは、消費者アンケートの設問、**「いつ」「どこで」「誰と」「どんな理由で」「どの麺類を」**の5つの設問の回答データでした。

5つのうち「どんな理由で」を除く4つは「選択式」の回答データで、「どんな理由で」だけが「フリーアンサー」でした。

このように、**「フリーアンサー（定性）」と「選択肢（定量）」を組み合わせて分析することによって、戦略の鍵を見つける**ことができます。

4 「食べたい」と「入りやすい」

【顧客が"自分向き"と感じるお店】

▶ 店長アンケートは現場の生きた情報！

　全国でチェーン展開しているリンガーハットは、店舗開発や厨房機器の開発にも力を入れていました。構築途中という段階でしたので、我々も店舗分析をさせていただきました。

　約400店舗の店長に、アンケートにご協力いただき、そのアンケート結果と店舗別売上データを組み合わせて、売り上げに寄与する店舗特性分析を行ないました。

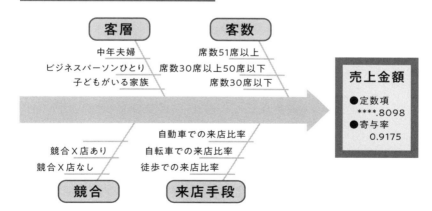

売り上げに寄与する店舗特性分析

店舗の売り上げに寄与する要因は、「席数」「来店手段（自動車、自転車、徒歩）」「客層（曜日別）」「客層（時間帯別）」「周辺競合外食ブランドの状況」など、複数の影響要因が考えられます。
　このプロジェクトの時点では、分析の結果、店舗特性が分散している状況にあることがわかり、理想形パターンと攻めるべきエリアをご提案させていただきました。

▶ 「食べたい！」「入りやすい！」と思うお店
　例えば、家族でちゃんぽんを食べにお店に入ったら、店内がビジネスマンひとり客向けのつくりだった。それで家族で食事を楽しめるでしょうか？
　「食べたい！」と「入りやすい！」を実現した、顧客が自分向きと感じるお店づくりも、チェーン展開している場合、来店客数を増やすためには大事な取り組みです。

「何か変だぞ?」から 「いつものお店」へ

【付加価値戦略によるV字回復】

▶ もともと付加価値の高い商品がその付加価値を失ったら?

　ちゃんぽんは、「栄養バランスを考えて」食べられている栄養価の高い、健康によい、付加価値の高い商品だと、顧客は認識していました。

　それなのに、競合の動きに焦って単価を下げて販売したのです。販売価格を下げるために、次のようなコスト削減の努力をしました。

・ちゃんぽんの上にのせる具材を若干変更する

・これまで店員が提供していたお水をセルフサービスに変更する

　この変更により、これまで付加価値を求めて来店していたお客さまは、付加価値がなくなったと感じてしまい、**「何か変だぞ?」**と、来店する頻度が減ってしまったのです。

　単価を下げた上に客数まで減ってしまい、売り上げが減少してしまったところで顧客分析を行ない、自社商品の付加価値を再認識できたことで、即断即決、付加価値戦略へ切り替えたというわけです。

▶ いつもの付加価値の高いお店へ!

　このプロジェクトののち、**国産野菜100%の「野菜たっぷりちゃ**

んぽん」というメニューができました。

　現在でもこのメニューはあり、チェーン全店（2024年6月現在559店舗）が国産野菜100％のメニューを提供し続けることは大変な努力を要しますが、食料自給率の向上も掲げ、国産野菜100％の提供に挑戦し続けています。その努力こそが「いつものお店」として顧客に認識されているのです。

競合企業の動きばかりを気にせず、自社の強みに目を向けることが大切だね

Part 2

事例で学ぶ「感性マーケティング」

3章

美容施術を受ける

動機は何？

—— 自由診療で新規患者を獲得する

Marketing

プロジェクトの課題

【新分野に参入し新規顧客数を一気に拡大させる】

▶ プロジェクトの前提

　本章では、新市場（新分野）へ参入し、その市場で自社のブランドを確立させるためには、何が課題になるかを理解します。また、消費者のニーズをつかむ際のポイントを理解します。

　美容皮膚医療市場が成長初期の頃、大手化粧品会社Ｂ社はこの市場に参入しました。Ｂ社が開設した皮膚科クリニック（美容皮膚科）は数年経ち、自由診療を拡大させるために新規患者獲得を目指していました。

　当クリニックでは、健康保険を利用できる保険診療と全額自己負担の自由診療の両方を提供していました。

　保険診療は、一般に知られる皮膚科の医療内容と同一で、"地域の皮膚科"の役割を担っていました。ですから、近隣の地域住民が顧客でした。

　一方、自由診療はクリニック開設以来、**Ｂ社の会員組織に登録している美容意識の高い会員がメイン顧客**となっていて、大手化粧品会社Ｂ社のブランド力で患者を獲得してきました。

　今後、自由診療の新規患者数を一気に拡大させるためには、Ｂ社

の会員以外からの新規患者獲得が課題となっていました。

▶ **業界動向**

　日本では、1990年代後半から2000年前後に美容皮膚医療が広がりはじめました。それに伴い新しく美容皮膚医療の分野に参入する施設の種類も施設数も拡大しはじめました。施設の種類は、皮膚科、美容外科、レディースクリニック、メディカルエステ、エステティックサロン、形成外科などです。

　施設の種類や数は拡大していましたが、当時は一般の医療施設を含め、業界にはマーケティングという概念が浸透しておらず、戦略的に患者を獲得するという活動が行なわれていませんでした。

施術を受けたい人は多いが、
受けた人は少ない

【施術経験者と未経験者の違いを知るために】

▶ 美容皮膚医療のメニュー

市場成長期の初期に施術を受けた経験者の特徴は、革新的な商品を誰より早く取り入れることに喜びを感じるイノベーター（革新者）と、自分で積極的に情報を収集し評価するアーリー・アダプター（初期採用者）の一部でした。イノベーターは市場全体の2.5%、アーリー・アダプターは市場全体の13.5%を占めるとされています。

このことを念頭に置き、施術経験者と未経験者のニーズを順に把握していきましょう。

治療メニューは、ニキビやしみ、しわ、たるみなどの美容の悩みに対応する「ケミカルピーリング」、「レーザー治療」、「赤外線治療」、「ヒアルロン酸注射」、「ボトックス注射」などでした。

▶ 美容皮膚医療に関心の高い人はどんな人？

このクリニックでは来院患者にアンケートを行なっており、その回答データの分析結果から、「1ヶ月間に化粧品を7,000円以上買う」女性たちが、美容皮膚医療にも関心が高いことを把握していました。

また、Ｂ社では、**「美容皮膚医療の施術を受けたいと思っている女性は多いのに、実際に施術を受けた女性は少ない」**ということも把握していました。このギャップは何が原因なのかをしっかり理解することと、新規患者数を拡大させるための切り口を探るために、消費者アンケートの実施が必要でした。

そこで、調査対象者を下記の２つの層に区分し、アンケートを実施しました。

　１．施術経験者

　２．施術未経験者

また、施術未経験者には回答対象者の条件として、下記を設定しました。

・「美容皮膚医療の施術を利用したいと思っている」、かつ

・「１ヶ月間に化粧品を 7,000 円以上購入する」女性

3

未経験者は美容皮膚科を理解していない

【存在は知っているけど、
何をしているところかわからない】

▶ **経験者と未経験者のクリニックに対するイメージの違い**

「美容皮膚医療の施術を提供しています」とうたう施設カテゴリーに対して、それぞれどのようなイメージを持っているか、施術経験者と未経験者に同じ質問をし、フリーアンサー形式で回答を得ました。

その回答データを、経験者と未経験者別に数量化理論Ⅲ類で分析したアウトプットが右の2枚の図です。

「美容皮膚科」に注目し、その近くに位置する言葉について、経験者と未経験者の違いを比較しました。

施術経験者の施設に対するイメージ

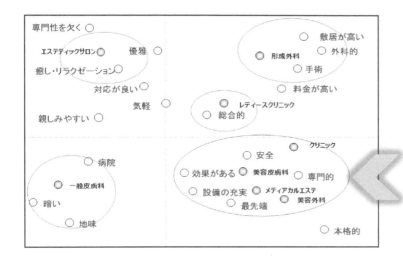

施術未経験者の施設に対するイメージ

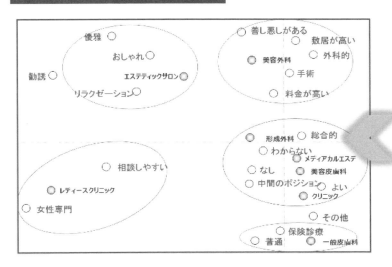

このアンケートから次のキーワードが抽出されました。

【経験者】
効果がある、安全、専門的、設備が充実している
【未経験者】
なし、中間のポジション、よい、わからない

　比較すると顕著に違いがわかります。未経験者にとって美容皮膚科がどんなところか、イメージを持っていない、よくわからないところだったのです。

▶ アンケート結果と院長の意識との間にギャップがあった
　この美容皮膚科クリニックの院長先生（医者）は、普段は保険診療と自由診療の両方を担当し、保険診療では地域の患者さんを診察していました。
　つまり、保険診療において地域に根差した医療を日々提供していて、患者さんも毎日来院していたので、**当院の美容皮膚科がどんなところか、患者さんたちは知っているはず、と思っていました。**
　ところが、アンケート結果から（施術未経験者にとって）「美容皮膚科」がどんなところかよくわからないと思われている、イメージがないという結果が出たのです。この結果に院長先生は、非常に驚かれました。

▶ 美容皮膚科がどんなところかよくわからない
　施術未経験者にとって「美容皮膚科がどんなところかわからな

い」という調査結果が出たことによって、新規患者を獲得するために広く施設を知ってもらうためには、個々の治療メニューをPRするだけでは不十分であり、美容皮膚科とはどんなところかという施設カテゴリーの定義も伝える必要があることを認識しました。

▶ **美容皮膚科の定義**

　美容皮膚科は、化粧品のような素肌のお手入れと違い、美しくなるための医療行為です。ですが、美容外科のような外科的手術は行ないません。

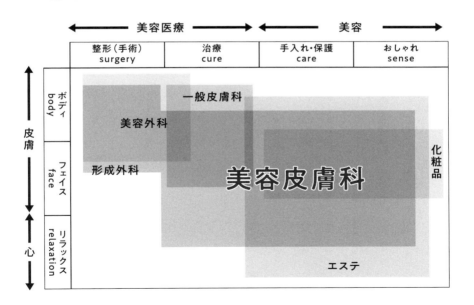

美容皮膚科とは（医者向けではなく消費者へ伝えるための定義）

顔の治療領域を中心に自由診療を提供すること、それに加えて、当該施設は化粧品大手が運営しているクリニックであるため、手入れとおしゃれをカバーする、そういう領域であることを定義し、メニュー体系と価格体系で領域を示すことにしました。

4 施術を受けたい気持ちと行動のギャップ

【ボトルネックの軽減】

▶ **興味を持って情報収集したら不安になった**

「美容皮膚科がどんなところかわからない」こと以外にも問題はないか探ってみました。

経験者と未経験者、それぞれに対して「不安に感じたこと」についてフリーアンサー形式で回答してもらい、その回答内容を比較したグラフが次の図です。

「経験者」と「未経験者」の不安の違い

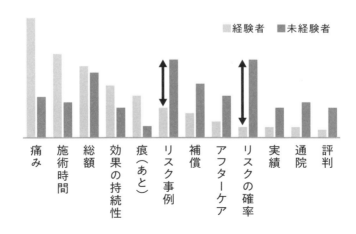

「美容皮膚医療の施術を受けたい」と思った経験者も未経験者も、さまざまな情報を収集していましたが、収集した情報に対して不安感を抱く内容が異なっていました。

　未経験者は、世の中に公開されている失敗事例や正確ではない情報をたくさん収集して、調べれば調べるほど不安が増していたのです。その不安がボトルネックとなり、施術に踏みきることができずにいました。

　未経験者に対して、その不安を軽減するべく正しい情報を届ける必要があることがわかりました。

5

期待感を高める
3要素

【新規患者獲得の道筋づくり】

▶ 不安と予約の関係

　経験者のアンケートから、施術を初めて受けた際、施術前に不安をゼロにすることはできなかったこと、不安がある程度軽減できて期待が不安を上まわれば施術を受けたことがわかりました。

　また、施設に予約を入れる後押しになったことは、**「体験談」「施術したい！　というモチベーション」「施設（医師含む）の魅力」**の3つの要素であることもアンケートから抽出できました。

　この「施術したい！　というモチベーション」とは、

・肌の悩みや気になる症状を解決したい

・肌の衰えが気になる、アンチエイジングに取り組みたい

・（若くても）素肌をよい状態に常に保っていたい

　といった強い気持ちが原動力・やる気になったということです。

▶ 不安と期待から新規顧客獲得の道筋を描く

　美容皮膚医療の施術に関心のある人が、初めてクリニックに予約を入れるまでの気持ちの変化（不安感を軽減し期待感を高めるための要素）を調査分析から理解できたので、その結果を基に、新規患者獲得の道筋を描きました。

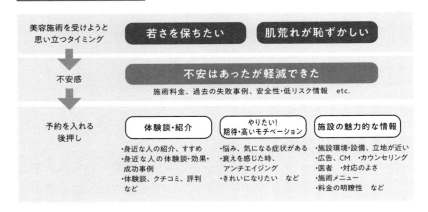

　美容皮膚医療の施術を受けようと思い立つタイミングは、大きく2つ、「若さを保ちたい」「肌荒れが恥ずかしい」です。

　美容皮膚科に行こうと思い立った人が情報収集をする段階で、雑多な情報が溢れる中から正しい情報を選択しやすくすることが必要でした。施設カテゴリーの定義や施術に関する専門知識をわかりやすく丁寧に説明する情報を届けると共に、期待感が増幅する情報にも接触しやすくします。

　医療行為であるため、プロモーションの方法と内容は薬機法（旧・薬事法）等の法に従い、計画・制作・実施しました。

▶ **新規顧客獲得数を急増させるために**

　新規患者数を少しずつ増やしていくのであれば、既存顧客を獲得してきた方法と同様の方法でも可能と言えます。大手化粧品会社の

会員組織を活用して会員から患者になってもらい、施術を体験した患者が体験談を家族・友人にクチコミで広める方法です。

しかし、目標は「自由診療の新規患者数を一気に拡大させる」ことで、そのための課題は「B社の会員以外からの新規患者獲得」でした。

期待感を高める要素のひとつとして、アンケート結果から「体験談」があがりましたので、「クチコミ」は戦略上欠かせません。

けれども、当クリニックを利用した患者からのクチコミだけでは、広がりの数に限界があります。

そこで、インフルエンサーを活用することにしました。

次の図のように、ネットとリアルを組み合わせた情報伝達の道筋をつくり、新規患者の獲得スピードを上げることにしました。

新規患者獲得の道筋2

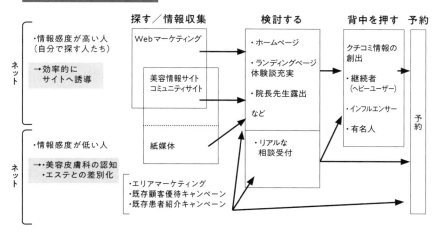

▶ 新市場へ参入し、その市場で自施設のブランドを確立させる

　その後、当クリニックは目標としていた自由診療の新規患者数拡大に成功しました。そこから見えてくる目標達成のポイントは、以下の４点です。

① 新規参入した市場がその時点でどういう段階にあるか認識を間違えないこと
② 自社の強みを最大限に活かすこと
③ 消費者のニーズを理解する適切な調査を実施すること
④ 市場の段階およびニーズ調査の裏付けに基づき、かつ、事業目標に適合する顧客獲得のための道筋づくりを行なうこと

　新分野に参入してからビジネスがあまりうまくいっていない場合は、上記①〜④を見直してみるとよいでしょう。

Part 2

事例で学ぶ「感性マーケティング」

4章

高齢者は意外なことを望んでいた

── シニア向け事業開発のヒント

Marketing

プロジェクトの課題

【高齢者向け新規事業開発】

▶ プロジェクトの前提

　超高齢社会を迎え、高齢者向けサービス事業を行なっていた会社も、今までとは違う、新たな取り組みが必要だと考えていました。

　しかし、漠然とはわかっていても、高齢者が本当に望むサービスとは何なのか、正しく把握できていないのではないかという不安があり、高齢者が真に望むサービスの解明を我々に依頼されました。

▶ 新規事業の制約

　高齢者に必要なサービスだからといって、何でもよいというわけではありません。国や自治体が公費で行なう施策やサービスとは違って企業が行なうのですから、採算性・利益性が望めなくてはいけません。

　そこで、**高齢者の属性別に、望むサービスとその利用意向の強弱を正確に把握する必要**がありました。

「もらってうれしかったプレゼント」と「もらいたいプレゼント」

【喜んでくれたと思っていたら……】

▶ **高齢者の本音を理解するのは難しい**

敬老の日に関する興味深い調査結果の話があります。孫を持つおじいちゃん、おばあちゃんに次のような質問を行ないました。

「今まで、もらってうれしかったプレゼントは何でしたか?」

その回答結果は、1位「お花」、2位「洋服や装飾品」、3位「商品券・ギフトカード」でした。これは納得の結果ですよね。

ところが、この調査には続きがありました。

「本当は、こんなものがほしいというプレゼントはなんですか?」

という質問も用意してあったのです。

当たり前ですが、今までもらってうれしかったものを聞けば、もらったことのあるものしか答えません。うれしかった気持ちはうそではありませんが、本当にほしいものだったかはわかりません。だから、本音を聞き出せる質問を用意していたのです。

回答者はうそをつくわけではありませんが、**限定された「選択肢」から選ばせる質問や、「過去や自分の経験」から選ばせる質問では、本当のことは把握できない**のです。

特に、高齢者はその人生経験から、まわりに迷惑をかけたり誤解を生むような発言は慎む傾向があります。高齢者の本音を引き出すには、丁寧な調査設計が必要となると考えました。

▶ おじいちゃん、おばあちゃんが本当にほしいもの

　前述のアンケートで、本当にもらいたいプレゼントの1位は、

「孫と一緒に過ごす時間」

でした。

　日頃、会いたくても会う機会の少ないおじいちゃん、おばあちゃんにとっては、孫と過ごす時間はかけがえのないものなのです。

　特に、コロナ禍で2、3年会えなかったおじいちゃん、おばあちゃんにとっては、久々のうれしい時間となったことでしょう。その代わり、夏休みや冬休みが終わってしまうと、「孫ロス」という言葉が生まれるほど一気にさみしくなってしまうようです。

▶ 本音を引き出す調査の難しさ

　このように、アンケートにより人の本音を把握したい時には、**設計が大事**です。アンケートには当然目的がありますが、その目的を果たすためには、どのような設問を行なえばよいのかを、しっかりと考え、組み立てる必要があります。

　なぜならば、**人は問いかけに「理性的・科学的」に答える場合と、「本音・感性的」に答える場合がある**からです。

104

60歳はシニアではない

【いつからシニアを意識するか】

▶ 調査結果から見えてきたこと

2025年4月から、すべての企業で「65歳までの雇用確保」が義務化されますが、本プロジェクト当時は、定年を60歳とする企業がほとんどでした。

よって、我々もシニア向け事業の対象者を60歳以上と考え、50代でも老後のことを考えるだろうと、55歳以上の男女を調査対象者と設定しました。

ところが、いざ調査結果を見てみると、**60代前半の人は、自分をシニアだとは認識していませんでした。**よって、**50代の方たちからは参考になる回答はほとんど出現しませんでした。**

固定観念というのは、気をつけなくてはいけないものだと、改めて考えさせられた結果でした。

▶ 65歳から、シニアという認識に変わる

当時も65歳までの雇用延長を実施している企業が多く、仕事を続けている間はシニアという認識はなく、仕事をリタイアすると突然、自分はシニアという認識に変わるということがわかったのです。

仕事をリタイアすると、時間ができ、自分の体力の衰えを自覚し、

現実を直視することになるのだと捉えられました。

　つまり、年齢というより、仕事をリタイアしたか現役かが、シニアを意識する境目だったのです。

　そういう意味では、「65歳までの雇用確保」という制度は、人材の活用という意味だけではなく、高齢者にいきいきとした生活を送ってもらうためにも、有効な制度だと思います。

シニア世代の特徴

【高齢者の実態把握】

▶ 高齢者の生活の実態を見る

　高齢者が積極的に行なっていることとしては、旅行、健康・体力づくり、配偶者と過ごすこと、食事・グルメ、趣味（屋内）、仲間と集まる、孫と過ごす……、これらのことがどの年代でも多く回答されました。

　一方、心配事としては、自分の健康・体力の衰え、配偶者の介護を自分ができるか、現在の自宅で快適に住み続けられるか、生活資金が足りるか、食事をつくるのが面倒、などがあがりました。

▶ 5、6年後の生活に望むこと

　続いて、5、6年後に「充実（満足）した生活だ」と思える生活に関しては、次のような回答がありました。

・健康…健康維持、自分のことは自分でできる・自立した生活、病気にかかっていない

・日常生活…現状維持・今と同程度の生活レベル確保、のんびり・自由、買い物・食事の準備をしなくてよい

・家族…夫婦で仲よく暮らす、子どもや孫と仲よく、親・家族が元気、子どもが自立・結婚、親が亡くなり心配がなくなる

・趣味…旅行、趣味に専念、行きたいところに自由に行ける、楽しいことをする、山歩き、ガーデニング・園芸
・スポーツ…ゴルフ・テニスなど
・コミュニケーション…交友関係、アルバイト・パート・ボランティア
・住まい…終の棲家が決まる、家の心配がなくなる、自然が豊かなところでのんびり
・お金…お金の心配をしないでよい・生活費が足りる、裕福・お金がたくさんある、年金（年金で今より豊かに、年金が増えれば、年金でゆったり・年金で安定）
・仕事…あてにされて仕事を望まれる、元気に働けている
　このように、実にさまざまな回答が得られました。

　上記の回答理由として、「日常生活に困るようになりたくない、人様の世話にはなりたくない」「やりたいことを自由にやりたい・楽しみたい」「まだ現役だから・元気だから」という意見が多く見られ、自尊心が高いことが読み取れました。

▶ **男女による差異**
　男女による差異はほとんど見られませんでしたが、唯一「終の棲家として住みたい環境」に対する回答に差異が見られました。

・女性は、「交通の便のよい市街地」を望む声が半数以上
・男性は、「交通の便のよい市街地」「閑静な住宅街」「自然の残る郊外」の３つに分散

女性は、買い物や通院などが便利な市街地を望むという生活の現実を直視した回答ですが、男性は買い物の経験が少ない人が多いからか、生活環境に目が行ってしまう結果と捉えられます。

収益を上げるために準備すべきサービス

【シニア向けサービス開発の優先課題】

▶ サービス開発の方向性

その他の設問に対する回答を含め分析すると、

・**高齢者の関心事は、「健康・自立」と「旅行などの楽しみ」**

・**高齢者は自尊心が高い**

・**高齢者の情報源は狭い**

この３つが高齢者の特徴として大きいことが判明しました。

これらの分析結果から、高齢者に対するサービス開発の方向性は、**「やりたいことを適切にできるようにサポートする仕組み」**をつくることを優先すべきという結論に至りました。

サービスそのものを、直接的にすすめるとお仕着せがましく捉えられてしまい、高齢者の自尊心を傷つける可能性が大きいため、**相談や検討を自分主導でできるサービス**こそ、高齢者に響き、結果、さまざまなサービスを自然に利用していただけるという流れをつくることが重要ということがわかり、この分析は商品リリースのための事前活動として有効に活用されました。

Part 2

事例で学ぶ「感性マーケティング」

5章

超忙しい子育てママには
健康アプリもお手上げ

—— 健康アプリのコンセプト評価

Marketing

1

プロジェクトの課題

【新製品健康アプリのコンセプト評価】

▶ プロジェクトの前提

みなさんは日々、自分の健康状態をどのように確認されていますか？

本章では、新商品を市場投入する際には、生活者の隠れた本音（感性価値）を適切に把握しないと成功しないという事例を、「健康アプリ」という製品でご紹介します。

今では「スマートウォッチ」など、心拍数や血圧のデータも簡単に測れる機器が出てきていますが、多くの方は「体重計」や「体重体組成計」と呼ばれる機器で、体重の変化や体脂肪率、BMI などを定期的に測定されているのではないでしょうか。

健康意識の高い方は、スマートフォンのアプリを使い、より詳細なデータを測定されているかもしれません。

ここでの事例は、そんな健康管理のためのソフトウェアの先駆けとなった製品の市場投入時におけるコンセプト評価に関するお話です。

大手電気機器メーカー C 社が、「健康機器測定記録取り込みのためのソフトウェア」を研究開発しました。市場投入の前に、販売目

標、販売戦略、コミュニケーション戦略を策定するために、コンセプトが生活者に受け入れられるのか、特に設定したターゲット層の評価を確認する必要がありました。

　大手メーカーとしては、画期的な製品を研究開発したわけですから、ある程度の売り上げ目標が立てられなければ、市場投入にゴーサインが出ないからです。

　そのため、当該新製品のコンセプト評価調査の依頼が我々に舞い込みました。

▶ 製品とターゲット想定

　この新製品は、健康測定機器とパソコンをネットで連携させ、グラフを見ながら**複数人の健康状態を一括管理し、確認できる**というものでした。複数人を一括管理できるわけですから、開発サイドは、提供コンセプトを「家族で健康」とし、メインターゲット想定を、**「家族の健康に一番気を遣っている主婦」**として設定していました。

　実は、このターゲット設定がくせ者だったのです。

```
2
```

定量調査による
コンセプト評価

【評価は上々！　と思いきや……】

▶ 調査内容の設計

　我々は早速、Ｃ社の担当者と調査内容の打ち合わせに入りました。

　Ｃ社は調査に慣れていて、打ち合わせの際にはすでに調査票を作成していました。拝見したところ、製品のコンセプト評価や機能、デザイン、使い勝手などの評価を詳細に把握できるように、そして、現状の健康のためにやっていること、健康機器の利用状況把握など、しっかりと設計されていました。

　「さすがＣ社さんですね。しっかりした調査設計がなされていると思います」とお答えし、調査票の制作は進みましたが、「この設問内容で調査を行なわせていただきますが、ひとつだけお願いがあります。**設問の最後に、一文だけフリーアンサーの欄（記述式自由回答）を追加させていただけないでしょうか**。簡単なフリーアンサーなのでぜひお願いします」とお願いをしました。

　後に、このたった一文のフリーアンサーの回答から、新製品の命運が大きく変わることになったのです。

▶ 調査結果の集計・分析

　調査は、インターネットを使用し、何らかの健康機器（体重計、

体温計、血圧計など）をお持ちの、子どもがいる主婦を中心とした全国20歳以上の男女4,000名に対し実施しました。

　回答結果を集計し、分析した結果、製品のコンセプトや機能、デザイン、使い勝手などの評価は、ほぼすべての項目で高い評価を得ました。さすがC社の開発チームが力を注いだだけあって、受容性は高いものと判断できる結果が得られました。

3

定量調査では
見えなかった本音

【生活者の深層心理を浮かび上がらせる】

▶ **たった一文のフリーアンサーが導いた答え**

前述したフリーアンサーとは、

Q.「あなた、またはあなたの家族が健康を維持していくためにしたいことは何ですか？」

というものでした。

そして、この質問に対しての回答は、**「運動・スポーツ」「食事管理・食生活の改善」「栄養管理・栄養バランス」**など、"運動と食事"が多くあげられました。

一方、「データによる体調管理」という意味合いの回答割合は、約4％にとどまりました。

アンケートの「新規健康アプリに関する設問に対する受容評価」は高かったのに、フリーアンサーの設問では回答者たちは現状で「データによる体調管理」という意識は低いことが判明したのです。

▶ **ターゲットに設定した主婦層の回答**

さらに、回答結果を性年代別に分析してみました。右図は、フリーアンサーを「数量化理論Ⅲ類」で分析した結果です。

健康を維持していくためにしたいこと　数量化理論Ⅲ類分析結果

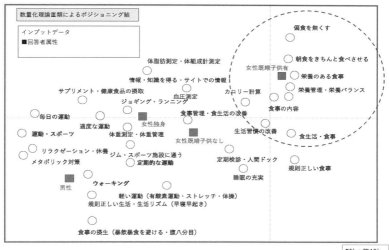

◆インプットデータ：■回答者属性
　　　　　　　　　○健康を維持するためにしたいこと
◆既婚女性で子ども有の方に多く見られた回答を点線で囲んでいます。

　ターゲットに設定されていた子どもを持つ主婦層の回答を見てみると、
　「栄養のある食事を食べさせる」
　「朝食をきちんと食べさせる」
　「偏食をなくすような献立を考える」
　「栄養バランスの取れたメニューを考える」
　など、完全に日々の食事に関する回答内容ばかりでした。

▶ 回答者はうそをついたのではない

　この結果は、何を表わしているのでしょうか？

　回答者は、コンセプト評価に対し、いい加減な回答をしたわけではありません。評価を聞かれているので、その設問に対する評価を純粋に回答したまでなのです。

　では、なぜ「あなた、またはあなたの家族が健康を維持していくためにしたいことは何ですか？」というフリーアンサーの質問に対して、「データによる体調管理」という意味合いの回答がほとんど見られなかったのでしょうか？

　それは、毎日の生活を思い返した時、子育て中はとても忙しくて余計なことはしたくない、する時間がないという**現実を思い出した**からです。この答えこそ世の中の母親たちの本音だったのです。

　毎日忙しい母親たちは、製品のコンセプトは素晴らしいと感じても、自分には関係ないと思ってしまったのです。

　ここにフリーアンサーのおもしろさ、よさ、必要性があるのです。本人の素直な思いを回答してもらえるフリーアンサーを用意することによって、思いもしない回答者の本音が聞かれるのです。

4

市場投入戦略の大幅修正

【マーケティングの基本と生活者の本音の融合】

▶ 調査結果が物語ること

　今回の調査フローは、前半でコンセプトやサービスの説明・受容性の設問を行ない、後半にフリーアンサーで「あなた、またはあなたの家族が健康を維持していくためにしたいことは何ですか？」と聞いているにもかかわらず、「運動（特に男性）」「食事（特に女性）」という回答が中心であり、「データによる体調管理」という意味合いの回答はわずか４％程度でした。

　加えて、現状では測定データを客観的に確認したり、そのデータを元に健康のためにどのような運動・行動をすべきなのかといった「測定データの健康管理への活用」の習慣や意識がない状況であることが予想され、この点に関する啓蒙・喚起が必要であると推察される結果となったのです。

▶ 戦略の修正へ

　以上の事柄を踏まえ、新サービスの市場展開を図る上での今後へのご提言として、以下の２点をあげさせていただきました。

①本サービスの導入ターゲット属性と訴求キーワードの変更

②広く伝播していくためには、一般消費者に対し、"自身にとっての必要性"を認識させていくという、訴求戦略を最初に行なわなければ売り上げの確保が難しい

　マーケティング理論の中に、新たなアイデアや技術を個人が採用するために必要な要件（イノベーション条件）として、以下の5つがあります。

①比較優位

　従来からある製品やサービス、技術と比較して優位性が必要。まったく新しい技術による製品であっても、同じ役目を担う代替案と比較する。

②適合性

　個人の生活に対しての近さ。新規性が高くても、大きな生活の変化を強要するものだと採用されにくい。

③わかりやすさ

　使い手にとってわかりやすく、やさしいものが採用されやすい。

④試用可能性

　実験的な使用が可能だと、採用されやすい。

⑤可視性

　採用したことが他者に見える度合い。新しいアイデアや技術が採用されていることが、周囲の人から観察されやすい場合に、そのイノベーションに関するコミュニケーションを促し、普及を促進する。

この中で、子育て中の母親にとっては、②の適合性が大きな問題だったのです。

母親にとって、子育てにはさまざまな要素が重なり、大変な重労働です。そんな母親に、さらに負荷をかけるような提案をしても響かないということです。

▶ 「イノベーター理論」のどこを狙うか

さらに、Ｃ社は新製品の技術的優位性を過大評価しすぎ、市場への浸透を、マーケティング理論にある「イノベーター理論」でいうところの「マジョリティー層」まで一気に推し進められると考えてしまい、メインターゲットを子育てしている母親と設定してしまったのですが、この時点では"データによる体調管理"というものは、生活者にとって比較優位性や、わかりやすさという面で、受け入れるには大きな阻害要因があったのです。

「イノベーター理論」とは、新しい商品やサービスが世の中に浸透していく過程を、その採用者のタイプによりカテゴリーとして表わしたものです。

各カテゴリーは採用順に「イノベーター」「アーリー・アダプター」「アーリー・マジョリティー」「レイト・マジョリティー」「ラガード」と呼ばれています。

◎イノベーター（Innovators：革新者）

市場に2.5%存在する層です。

新しいアイデアや技術を最初に採用する人たちで、総じて技術的な知識が高い傾向にあり、新しいものを取り入れる行動自体に価値

を見出します。

　リスク許容度が高いため、のちに普及しないアイデアを採用することもあります。

◎アーリー・アダプター（Early Adopters：初期採用者）

　市場に 13.5％存在する層です。

　新商品にすぐ飛びつくのではなく、自分なりに情報収集をしたり、プラス面とマイナス面を評価したりしながら、取り入れる層です。

　市場が立ち上がるか、消えるかは、アーリー・アダプターにかかっています。「あの人が使っているなら自分も」「あの人が選択したものだから間違いない」と信頼されている「オピニオンリーダー」で、商品の評価形成に影響力を持ちます。

◎アーリー・マジョリティー（Early Majority：初期大衆）

　アーリー・アダプターの行動や、市場の評判を見て採用する層です。

　アーリー・マジョリティーまでの３つの層を合計すると、ちょうど 50％です。平均的価値観を持つ、商品が市場に定着するか否かを左右する層です。

◎レイト・マジョリティー（Late Majority：後期大衆）

　保守的なマインドを持ち、すでに多くのユーザーがいる商品やサービスを購入する傾向にあります。

◎ラガード（Laggards：採用遅滞者）

流行に関心がなく、実績が十分にある商品やサービスを購買する傾向にあります。他者の購買にほとんど影響を与えません。

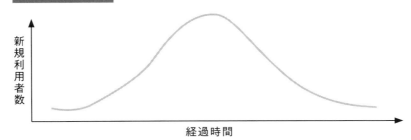

2.5%	13.5%	34%	34%	16%
イノベーター（革新者）	アーリー・アダプター（初期採用者）	アーリー・マジョリティー（初期大衆）	レイト・マジョリティー（後期大衆）	ラガード（採用遅滞者）
新しいものに飛びついて来る層	新製品の価値をきちんと評価・判断して採用する傾向を持つ層	需要が急拡大し、マス市場が形成される頃に購入する層	大勢の人がその製品を使用しているのを見て、受け入れはじめる層	商品の流行に関心を持たない層

　今回の事例では、2つのマーケティング理論と、調査結果から見えた生活者の本音を突き合わせて考えた結果、前述の提言をさせていただき、市場投入戦略の大幅修正を考えていただくように進言しました。
　この調査結果を聞いたC社担当者は、最初は驚いた様子でしたが、実態を把握できたおかげで、間違った戦略を実行しないで済ん

だと納得され、ある**程度時間をかけた市場浸透戦略を採用**することに決められました。スポーツが好きで、健康にも気を遣う層から順番に新サービスの価値を理解してもらい、市場浸透を行なっていくというものです。

Part 2

事例で学ぶ「感性マーケティング」

6章

多種多様な企業における
「感性マーケティング」事例

—— 業種業態にとらわれない
「感性マーケティング」の活用

Marketing

1

プロスポーツチーム

【スタジアム観戦者数の向上】

▶ **プロジェクトの前提：有料入場者数向上のための要因解明と課題抽出**

　サッカー熱が高まり、テレビ放映なども実施されていましたが、チケットを購入してスタジアムに足を運んでくれる観戦者数は伸び悩んでいました。

　スポーツの定着とチームの人気を底上げするためには、有料観戦者数を伸ばすことが必須だと考え、どのような施策を実施すればよいか悩んでいた担当者からご相談を受け、プロジェクトがはじまりました。

▶ **調査・分析の実施**

　当該のスタジアムで5年の間に1回から5回以上観戦した人1,000人にアンケートを実施し、分析を行ないました。

　調査は、1回しか観戦していない人から5回以上観戦している人に対し、初めて観戦した時に、「誰と」「どのようなチケットで」「チケットの入手方法」「どの席」などの状況を詳しく回答してもらいました。

　そして、2回目以降の有料観戦意向を聞きました。**有料観戦意向**

126

に関しては、**1回しか観戦していない人の観戦意向が一番低く、1回から2回に誘導する対策が最も重要**なことが判明しました。

> 次回観戦意向

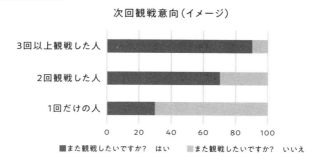

そこで、初回観戦時のことに関して次のような設問の回答を詳しく見ていきました。

・「初めて観戦した時の印象」→フリーアンサー（自由回答）
・「2回目、お金を払って観戦しに行きたいと思うか（思ったか）」
　→はい・いいえの2択
・「2回目、お金を払って観戦しに行きたいと回答した人の理由」
　→フリーアンサー
・「2回目、お金を払って観戦したいと思わないと回答した人の理由」→フリーアンサー

　2回目の有料観戦に進んだ人たちは、初回に観戦した際に、スタジアムのハード面よりむしろ、**「臨場感や応援のよい印象」「選手と**

のふれあい」「サポーターのよい印象」といったソフト面に関して強く記憶に残り、2回目以降の有料観戦の動機付けとなったことがわかりました。

一方で、有料観戦に進まなかった人たちは、初回にボトルネックがありました。初回観戦時に、次回から観戦したくないと感じる悪い印象が強く残っていたのです。

悪い印象というのは、「サポーターのマナーが悪い」「スタッフの誘導が悪い」といった、ソフト面の不満が多くあがっていました。

ISM分析による、初回観戦のきっかけから次回観戦意向までの意識の階層構造分析

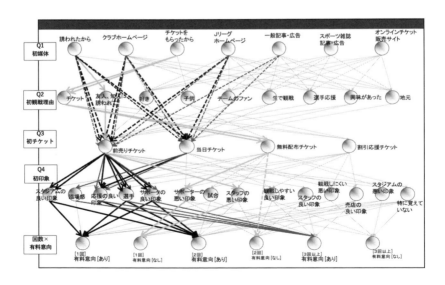

つまり、初回観戦時に、まわりの人や雰囲気が「楽しい」という感情を覚えた人は次回以降も観戦したいと思い、「楽しくない」という印象を持ってしまった人は次回以降の観戦はしたくない、と判断したのです。

人が「楽しい・楽しくない」と判断するのはその人が持つ「感性」ですが、その感性を満足させるためには、施設などのハード面ではなく、「人の心＝感性に響くソフト面の印象」が、2回目以降の観戦意向を高めるために何より重要だということが解明できたのです。

調査結果を受け、来場者への対応に関する施策を考え、次の図のように提案し、有料の新規観戦者数を向上できました。

人の感性が、その後の行動を大きく左右するという事例です。

スタジアム観戦満足度向上の施策

	不満の軽減	記憶に残す	チームらしさ
長期的課題			・選手育成／クラブマネジメント体制強化 ・スタジアム（ハード）の改善
	・「チーム」の世界観を俯瞰する施設・サービス		
中期的課題		・選手とのふれあい ・応援の一体感	
	・応援・観戦しやすい ・スタジアム（ソフト）の改善 ・誘導の改善	・誘う仕掛け　・イベント ・宣伝、PR ・選手紹介	・チームらしさの抽出と訴求方法の検討
短期的課題		・初回観戦者の判別の仕組み及びサービス	

スタジアム観戦満足度向上

2

葬儀事業

【葬儀からシニアマーケットへの事業拡大】

▶ **プロジェクトの前提：超高齢社会へ新規参入続出**

　超高齢社会を迎え、葬儀業界は既存企業に加え、新規参入企業も多く、競合がひしめく業界となっていました。

　また、元気なシニアの欲求に応える新たなシニアマーケットも拡大の兆しを見せていました。

　そのような状況の業界において、葬儀業だけにとどまらない事業拡大の方向性を決定するための一助となる調査分析の依頼により、実施したプロジェクトです。

▶ **調査①葬儀に対する意識変化や実態を把握**

　調査は、目的の違う2本の調査を行ないましたが、ひとつ目は、**「①当該葬儀企業のメインとなるエリアの、40歳以上男女500人にアンケートを行ない、葬儀に対する意識変化や実態を把握する調査」**です。

　①の調査分析の結果、2010年以前と以降で葬儀社選定の方法が大きく変化していることが判明しました。

　2010年以前には、病院からの紹介で葬儀社を決める割合が多か

ったのですが、2010年以降では、**生前に決めておく人の割合が徐々に多くなって**いました。また、故人の葬儀においても決定の間口が広がっており、家族の紹介やネット検索の割合が増えていました。

また、これまで「死」に対し、話題として避ける意識が高かったのが、人間として避けられない事実であり、自然に対応するという意識変化が起きていることもわかりました。つまり**「死に対する人の感性」が変化している**ことがデータから確認できたのです。

この調査結果を受け、**生前に自社を認知してもらい、特徴・強みをよく理解してもらう活動**が有効だと判断し、イベントや葬儀参列者へのサポートの充実などの施策を提案しました。

しかし、この意識変化を考えると、葬儀業としての対応だけでは弱いことがわかります。そこで②の調査分析を急ぎました。

▶ 調査②高齢者の身のまわりや生活を把握

もうひとつの調査目的は、**「②高齢者層の希望する日常や将来像といった身のまわりや生活に関する考え方を把握する調査」**です。

この調査結果を分析すると、**高齢者は想像以上にアクティブ**であることが判明しました。考え方、行動すべてに積極的なのです。

やりたいこともいっぱいある。それは趣味だけにとどまらず、仕事や地域とのつながりなど、社会とのつながりです。もちろん楽しみとしての旅行なども多くの人が求め、また実行もしていました。

131

ただし、フリーアンサーの回答の言葉の端々から読み取れる心の声として、**「やりたいことをサポートしてくれるところがない」**という意見が大きく浮かび上がりました。

　「やりたいのだけど、どうすればよいかわからない」「やりたいのだが、どこへ行けばよいかわからない」「体を動かしたいのだけど、何をすればよいかわからない」などの言葉です。

　自分はまだ元気だから、いろいろとチャレンジしたい、やりたいことがある。しかし、若い人と同じようにはできない。我々世代が楽しく安心して楽しめる場所やサービスがない、という意見でした。

▶ 葬儀業から高齢者対応事業への拡大

　２つの調査結果を合わせて考察すると、葬儀業としての活動範囲で物事を考えるだけでは、現代の高齢者の満足を満たすことは不可能だとわかります。

　そこで、事業を**「高齢者対応事業」として位置付け、元気なシニア層に対する商品やサービスを展開し、囲い込む**事業を推進すべきだと考えました。高齢者のためのさまざまな商品やサービスの案を提案し、事業拡大の方向性を示させていただきました。

　提案させていただいた商品やサービスをできることから徐々にはじめられ、順調な成果を出されています。

　各年齢に対する感性も、時代と共に変化が起きていて、現代の高齢者層はとてもアクティブだということが解明できた事例です。

3

外食事業

【売 り 上 げ 不 振 の 理 由 解 明 】

▶ **プロジェクトの前提：関西圏における売り上げ不振の理由解明**

　関東圏で非常に成功していたステーキチェーンが、関西圏に出店
したところ、業績が見込みより大幅に悪い結果となっていました。
関東圏での評価は依然高い中、関西圏での売り上げ不振の理由がわ
からず、その理由を解明してほしいという依頼によってはじまった
プロジェクトです。

▶ **調査・分析の実施**

　関東圏と関西圏それぞれ 200 名ずつ、当該企業のレストランを
利用したことがある人を抽出し、評価と今後の利用意向を把握しま
した。

　ステーキチェーンですから、メイン商品であるステーキに対する
五感の満足度と今後の利用意向に対する回答を数量化理論Ⅲ類で分
析し、その違いを見てみました。

　読者のみなさんも、分析アウトプット図を見慣れてきたことと思
いますので、ぜひ考えながら分析結果を紐解いていっていただけれ
ばと思います。

では、質問です。下の分析図を見て、関東の人と関西の人との評価の違いは何だと捉えますか？

数量化理論Ⅲ類による料理に対する評価の関東と関西の違い分析

数量化理論Ⅲ類によるポジショニング結果

インプットデータ
牛肉メニューに対する五感満足度
●エリア別今後の利用意向

「肉の味」不満
「焼き上がりの香り」不満
「肉の歯ごたえ」不満
【関西】特に利用したいと思わない
「提供される時の音」不満

「ソースの味」満足　「ツヤや色あい」満足
「焼き上がりの香り」満足
「肉の味」満足　「提供される時の音」満足
【関西】また利用したい
【関東】また利用したい
「肉の歯ごたえ」満足
「提供温度」満足
「鉄板の盛り付け」満足

「ソースの味」不満
「提供温度」不満
「鉄板の盛り付け」不満
【関東】特に利用したいと思わない
「ツヤや色あい」不満

　図の右のほうに「また利用したい」という人が、関西の人も関東の人も集まっています。

　「特に利用したいと思わない」という人は逆の左側にいますが、関西の人と関東の人が上と下に分かれています。

　ここで、薄い丸に書かれている評価を読んでみましょう。

　「また利用したい」という人は、関西の人も関東の人も同じようなことを言っていますが、「特に利用したいと思わない」という人は、関西の人と関東の人では違うことを言っていることがわかります。

関西の人は、肉の味や肉の歯ごたえなど肉そのものに対する評価が悪いのですが、関東の人は、盛りつけやソースの味など、肉以外のことを言っています。

▶ キーワードは、肉文化の違い

調査の結果、関西と関東では、料理に対する評価と今後の利用意向が大きく違うことが判明しました。

関西の利用者は、肉そのものに対する評価が低く、今後の利用意向も低くなっています。

関東で肉と言えば、牛、豚、鶏といくつかの肉を思い浮かべます。しかし、関西の人にとって肉といえば牛なのです。

この結果から、我々も当該企業の社長はじめ担当者も、改めて文化の違いが消費行動に大きく影響を及ぼすことを再認識しました。

関西は牛肉文化のエリアであることを再認識したわけですから、関東と同じ形態での出店はうまくいかないということになります。

我々としても、関西圏でのチェーン展開はあきらめ、違う業態での出店をし直すことをご提案し、赤字垂れ流しを食い止められることとなりました。

人間、育った環境から受ける影響によって「感性」は大きく違ってきます。食習慣や味覚だけでなく、色も北海道や東北の雪深い土地に住む人は淡い色が好きですし、九州や沖縄に住む人たちは濃い色を好みます。このように生まれや住む土地によって嗜好に対する感性が異なるのです。

感性の違いにより評価が異なるという赤字要因が判明し、改善が無理な場合は潔く戦略変更を行なうことも重要な判断となる事例となりました。

薬品メーカー

【風邪薬のシェアアップ】

▶ プロジェクトの前提：風邪薬のシェアアップ

　風邪薬を製造販売されているこの事例の企業は、長年シェア10位くらいと低迷していました。そこでなんとかシェア5位くらいまで押し上げたいと、テレビコマーシャルを上位の企業と同じくらいの金額を使いPRを行ないましたが、シェアが上がらず頭を抱えていました。社長の信任の厚い企画室長からの依頼ではじまったプロジェクトです。

▶ 調査・分析の実施

　消費者が風邪薬を選択する際には、テレビコマーシャルの影響を強く受けることはこの企業も我々も把握していたので、コマーシャルの投下量が大手の企業と変わらないのに売り上げが上がらないのは、コンテンツに問題があると考え、アンケート設計を行ないました。

　内容は、消費者が風邪をひいた時の五感と各社のテレビコマーシャル・コンテンツの関係性でした。

▶ 調査・分析の結果

　風邪をひいている状態の人の五感を因子分析し、テレビコマーシ

ャルとの関連性を確認したところ、**「元気にさせる」**と**「癒す」**という２つのクラスターに属する消費者が、シェア上位の風邪薬を購入していることが判明しました。

　残念ながら当該テレビコマーシャルのコンテンツは、そのどちらでもないものでした。

　そこで、テレビコマーシャルをはじめ、販促物、さらにパッケージも「元気にさせる」というコンセプトの元でつくり直し、PRを実行しました。その結果、念願のシェア５位を獲得することができました。

　風邪で体が弱っている時の人の感性を把握することにより、どのようにしてほしいかを解明し、PR戦略に役立った事例になります。

因子分析結果と各社コンテンツの関係性

【クラスター5の特性】
- 第2因子　漢方の匂いが薄い
- 第11因子　好きな音楽
- 第21因子　粉っぽいカビ臭い匂い
- 第22因子　暖かく活発な色

【クラスター2の特性】
- 第2因子　漢方の匂いが薄い
- 第6因子　休息の薄い色
- 第19因子　無音、静かにしたい

<クラスター5の意思表示>
「活発な色を好み、お気に入りの音楽を聴く」
- 自分の時間とエネルギーを準備したい
- 体の持久力を回復したい
- 精神的な不安定さから太陽の色を望む
- 興奮、緊張に強い
- 率直で衝撃的な事柄に関心が高い

元気にさせる

<クラスター2の意思表示>
「休息の薄い色を好み、静かにしたい」
- 体を癒したい
- 外からのストレスを回避したい
- 精神的な浮き沈みを好まずバランスを保ちたい
- 弛緩的空間を好む
- 慎重で理論的嗜好を好む

癒す

乳飲料メーカー

【幼児向け飲料の競合対応策】

▶ プロジェクトの前提：競合対応策の決定

　幼児向け飲料で長年トップシェアを確保していた企業 A 社が、競合企業 D 社がキャラクター入りのパッケージに変更したことにより、急速に売り上げを伸ばしてきたため、その対応策として自社もキャラクターを利用するべきか否かに悩まれて、その判断となる調査を実施してほしいという依頼によりはじまったプロジェクトです。

▶ 調査・分析の実施

　幼児を持つ母親に対し、幼児向け飲料を販売している企業の商品に対する評価アンケートを行ない、全国約 400 人の母親に実施することができました。

　調査結果を集計して、各社に対する評価を見てみると、競合 D 社の評価はもちろん高かったのですが、A 社に対する評価も高いものでした。
　そこで、両社に対する評価内容の違いを見てみようと、評価回答のフリーアンサーを集計した結果、競合 D 社に対しても、A 社に

対しても「喜び」というキーワードが多く出現していることがわかりました。Ａ社商品もＤ社商品も喜ばれているのなら、キャラクターを使用するかどうかの判断ができないままです。

　そこで、**数量化理論Ⅲ類分析**を行なったところ、両社の「喜び」というキーワードの内容に大きな違いがあることが解明しました。

　Ｄ社に対する「喜び」は、子どもが喜んでいるという内容であり、Ａ社に対する「喜び」は、母親が喜んでいるという内容でした。

数量化理論Ⅲ類分析による消費者評価の違いの解明

　調査設問の中では、幼児を持つ母親が幼児向け飲料に求めることも聞いていました。Ａ社を評価している母親の発言をよく読むと、「子どもが残さない」「子どもがこぼさない」「品質がよい」など、幼児向け飲料に対し、母親が望んでいることをすべて満たしている

ことを表わす評価内容でした。

一方、B社に対する評価は前述したように、「子どもが好きなキャラクター」であったり、「おまけ付き」など、商品そのものではなく、「子どもが喜んでいるからよい」という軽い発言内容でした。

つまり、D社の利用客は、子どもが喜んでいればそれでよいという育児に安易な層で、A社の顧客は、子どもの育児に熱心な顧客であることが判明したのです。

そこでA社には、キャラクターなどの無駄な費用はかけずに、育児に熱心な母親に高く評価されている「品質」や「パッケージの評価内容」などを、もっと前面に押し出したPRをすべきと進言しました。

その結果、D社が起用していたキャラクター人気が頭打ちになると共に、A社の商品のよさが母親のクチコミにより伝播し、売り上げシェアトップを維持し続けることに成功しました。今でもトップを維持する商品です。

本章の内容から「感性マーケティング」は、さまざまな業種や業態に活用できることが理解できたでしょうか。相手が人間である限り、商品やサービスの売り上げ向上には「感性」を分析することが必須だとわかります

Part 3

これからのマーケティングに必要なこと

1章

真の競合を

理解する

—— 溢れる商品や
サービスの中から見極める

Marketing

1

「パソコン」の競合は
「旅行」

【争う相手は意外なジャンルにいた】

▶ 同一カテゴリー内だけが競合ではない

現代社会はさまざまなモノやサービスが溢れ、企業は消費者から選択されるために日々努力をしています。

そのような環境の中では、同一のカテゴリーの商品だけが競合と思っていてはいけません。**消費者は「モノの充足」だけでなく、「ココロの充実」を求めていますから、同じような価値を持つものはすべて競合となる**のです。本章ではそのような隠れた競合についてお話しします。

▶ 驚きの競合

大手家電メーカーD社の新商品のパソコンが売り出される直前のお話です。

新商品を発売するにあたり、新商品の受容性と強敵となる競合商品を明らかにしたいという調査のご依頼がありました。調査設計もしっかりなされ、自社商品の評価項目や現時点で市場に売られている競合商品の評価項目などの設問もすでに用意されていました。

その調査票を拝見し、我々はひとつのお願いをしました。

「大変しっかりした調査票ですが、一問だけフリーアンサー（自由回答）の設問を追加させていただいてよいでしょうか？」

たった一問ですから快く同意していただき、その一問を追加して、調査を実施しました。

調査結果を分析し、取締役会で報告した時のことです。D社が用意した設問に対する分析結果をご報告したのは当然ですが、最後に真の競合に関してご報告し、みなさん驚かれました。その内容は、

「新商品のパソコンの最大の競合は、旅行代理店です」

というものです。

取締役の方々は、最初は何を言っているのかと戸惑っていましたが、理由を説明すると大きくうなずかれました。

その理由こそ、たった一問追加したフリーアンサーの回答内容から導き出したものでした。

たった一問のフリーアンサーの質問とは、

「あなたが、突然 10 万円を手にし、何に使ってもよいと言われたら何に使いますか？」

というものだったのです。

2,000 人に対して実施した調査でのフリーアンサーですから、ありとあらゆる回答があり、大多数の回答が 10 人に満たない数だったのですが、そのなかで、

「パソコンを買う（買い替える）」

「海外旅行に行く」

という 2 つの回答だけが、それぞれ 500 人近くありました。

つまり、パソコンを買う金額と同じお金を使えるとしたら、何が
したいか、どんなことに使いたいかという消費者の本音を聞き出し
たのです。

　その結果、海外旅行がＤ社の新商品にとって最大のライバルで
あると分析したのです。

　競合を特定しただけでは、Ｄ社も困りますから、その対応策もご
報告しました。

　「ライバルが海外旅行とわかったのですから、**既存のパソコンと
のスペック争いなどではなく、新商品のコンセプトでもある『いろ
いろなネットワークがつなげて、毎日が楽しい生活を送れます！』
ということを前面に打ち出して、**海外旅行に負けない楽しい生活を
想像させましょう」と提案しました。

「高級鉢花」と「ペット」に共通するキーワード

【「癒される」ではない……?】

▶ 鉢花をすすめる理由を見つけよう

花の大手卸会社から、「小売店で高級鉢花がもっと売れるように、アドバイスがしたいのだが、どのようにすればよいか?」というご依頼がありました。

その時の調査結果から、高級鉢花とペットには共通するキーワードが2つあることが判明し、小売店活性化のアドバイスに成功しました。

実は、両者に共通する人の思いを表わしたキーワードは、**「慈しみ育てる」**と**「世話をする」**の2つだったのです。

癒されると思ってペットを飼った人でも、数週間もすると世話をすることに疲れてしまって、捨ててしまったり引き取ってもらったりする出来事が多くあります。同じように、高級鉢花をきれいで癒されると思って購入した人が、水やりを忘れて枯らしてしまうことも多くあります。

夫婦二人暮らしでペットを飼っている人を多く見ます。ペットも

高級鉢花も、自分の愛情を注ぐ相手として同じような存在なのです。

　このようなことから、花の卸会社に対するアドバイスとして、お客さまがペットを飼えないマンションに住んでいることを知ったら、すかさず、次のように声をかけます。
「高級鉢花は毎日世話をすれば、とてもきれいなお花が咲きますよ」

　また、ペットを連れたお客さまには、
「高級鉢花は、ペットと同じように慈しんで育てると、どんどん成長して、毎年の楽しみになりますよ」
　このような声かけをすれば、高級鉢花がもっと売れるということをご提案しました。

　その結果、それまで高級鉢花の売れ行きがあまりよくなかった小売店でも、よく売れるようになったとのご報告をいただくことができました。

Part 3

1章 真の競合を理解する

街の本屋さんが
消えた理由

【「考えてみれば、確かに……」がヒントになる】

▶ 真のニーズを捉えている書店は生き残る

　昔は、駅前や商店街などに必ずあった本屋さんですが、最近ではほとんど見かけません。これもまさしく隠れた競合、真の競合に対する対応がうまくいかなかったから起きた現象です。

　昔は、人が余暇を過ごす術としては、本を読む、将棋をする、外で遊ぶなどしかありませんでした。その後、ラジオが登場し、テレビが登場し、ついにはスマホが登場してきたのです。すると**人々はそれまで本を読んで過ごしていた時間を違うものに使う**ようになっていったのです。

　当然のようにその結果、本を購入する人や機会が減少し、街の本屋さんは廃業に追い込まれていったのです。

　しかし、今でも元気に営業を続けている本屋さんはたくさんあります。それらの本屋さんは、独自の品揃えであったり、時間をゆったり過ごせるカフェとの併設であったり、**「自分の生活を豊かにする」「豊かな時間を過ごしたい」という本質的な欲求**を満たす策を考え、実行していらっしゃいます。つまり真の競合対応策を的確に実施されているところは好調だということです。

149

4
企業には、「見えない競合」が存在する

【「見えない競合」を見つける「感性分析」の真骨頂】

▶ **価値が同じ商品を探してみよう**

　ここまでお話しした通り、目の前の同業他社だけが競合だと判断することはできない時代になっています。

　そして、**消費者が自社商品と同じ価値を見出した商品を把握**するためには、**消費者の「心の中＝感性」を把握し、分析する**ことが必要になります。

　自社の商品の売れ行きが悪くなった時、もっと売れるはずだと思っていた商品が売れない時などには、きっとどこかに隠れた真の競合がいるはずだと考え、**消費者に対し提供している、提供しようとしていた価値と同様のものが世の中に存在していないか**を確認することが重要です。

　今からでも遅くありません。消費者の感性を知ることは、これからの時代を勝ち残るために重要なマーケティングの知識であることを頭に刻み込んでください。

150

Part 3

これからのマーケティングに必要なこと

2章

日本人の感性

—— 四季のある国に育った豊かな感性

Marketing

今、改めて考えたい
日本人の「感性」

【科学技術も AI も想像できない人間の思考】

▶ 技術の進化と人間の関係性

　日本人は、世界でも有数の豊かな感性を持った民族だと言われています。それは、四季という自然の変化を、身をもって感じられる土壌に住んでいるからだと考えられます。

　そんな豊かな日本人の感性の一端を改めて確認し、日本におけるマーケティングのあるべき姿を考えていきましょう。

　科学技術が加速度的に進歩し、あらゆる技術が日々生み出されています。AI もさまざまな分野で活用され、パソコンに向かって問いを投げかけると瞬時に回答が得られるなど、日々の生活で恩恵を受けています。

　しかし一方で、「ディープフェイク」と呼ばれる虚偽の画像や動画などが拡散され、社会問題ともなっています。

　つまり、**進歩した技術も AI も使うのは人間**です。そしてその結果を受けるのも人間です。

　将棋の藤井聡太棋士が八冠を奪取した際の興味深い逸話があります。劣勢だった藤井棋士が流れを変えた一手は、まわりの関係者が

戸惑うような手で、AIもその一手での勝利率をわずか数パーセントまで落とす判断をしました。

ところが、相手の次の一手でAIは一気に藤井棋士の有利と判断を覆しました。

その一手こそ、AIには見いだせない一手だったのです。それは**"相手の思考を惑わす" という意味があった一手**だったのです。AIにしてみれば、最善手ではないどころか悪手だと判断する一手が、相手の思考を惑わし、相手の悪手を引き出し、勝利に結びつけたという大胆な一手だったのです。人間の頭脳というものは底知れないですね。

また、あるお笑いコンビがChatGPTにお笑いネタを考えるように入力したところ、まるで面白くない回答がされたそうです。
つまり、科学技術は進歩し続けていますが、「人間の感性」を理解することは、まだまだ不可能な領域ということです。

科学で解決できることは大変便利ですが、科学技術が充満している世の中だからこそ、それらを活用する「人の感性」に価値を置き、**AIには見つけ出せない「売れる勝ち筋」を見つける**ことが重要だと考えます。

日本人は世界でも有数な感性を持っています。日本には日本のマーケティング＝「売る」ための力を創造する必要があるのです。

▶ 日本人が喜ぶマーケティング
みなさんも一度はドトールコーヒーというコーヒーショップを利

用されたことはあるでしょう。私がとても感心し、ドトールのファンになったあるサービスがあります。

　私は紅茶党なので、コーヒーショップに行っても紅茶を頼むのですが、ドトールで紅茶をオーダーすると、「TEA BAG COASTER」が一緒に提供され、そこには「ご使用済みのティーバッグをおのせください」と丁寧に書かれているのです。

　私の知る限り、海外でこのようなサービスを見聞きしたことはありません。ティーバッグを取り出した後、そこからどうしても水分が滴り落ちます。欧米人にとっては気にもならないことなのでしょうが、日本人は気になります。

　この些細なことに着目し、顧客の心を落ち着かせてくれるドトールのマーケティング精神には感服させられました。この精神こそ、日本の消費者に響く、日本独自のマーケティングだと感じました。

2

農耕民族と狩猟民族

【ルーツ、本能が働きかける】

▶ **協力し合う日本人**

　世界中を巻き込んだコロナウィルスの脅威ですが、患者数が世界的に拡大していた時、日本は欧米と比較してかなり低い数値で抑えられました。

　その理由はさまざま言われていますが、素人目に見てもマスク着用率の高さは群を抜いていたと思います。テレビの報道を見ていても、海外の人たちはマスクをほとんどしていないのに比べ、日本ではほとんどの人がマスクをしていました。欧米人にとってマスクは弱い人間がするものだという考え方や、マスクをする文化がないことは聞いていましたが、緊急事態社会の中でも有効な対策とされるマスクをしないのはなぜなのでしょうか。

　そこには、農耕民族と狩猟民族という、目に見えない遺伝子ゆえの感性の違いがあるのではないかと考えています。

　農耕民族は、季節の移り変わりを理解し、作物を育てることが自分たちの糧につながります。四季に対応した年間を通した計画性が必要です。そしてお隣同士が協力し合うことが求められます。水の確保や作物の収穫においても仲間同士の連携、協力体制が必要です。

すなわち**隣人、同士を気遣う気持ちが自然と心の中に根付いている**と考えられます。

　一方、狩猟民族は、基本的に狩りはひとりで行ない、小集団で生活し、獲物が獲れればお腹が満たされ、獲れなければ空腹を我慢するという偶然性に依存する生活を送っていました。よって、お隣さんや他の集団はライバルであり、協力し合うという発想は生まれにくかったと考えられます。「個が最重要」「自分の考えや行動を最優先する」という考え方が心の中に根付いているのでしょう。

▶ まわりに配慮する日本人の価値観

　農耕民族であった日本人を商売の相手にするのですから、自分自身の充実を求める「個」に加えて、「日本人の心根」「共有して納得する」「受容する価値観」への理解が求められます。

　「個」の時代とはいえ、日本人にとっては「個＝個性」ではなく、「周囲、社会、世の中に受け入れられる個」が重要な判断基準になっているということです。

　「One To One マーケティング」（顧客一人ひとりに合わせたマーケティング）という考え方がありますが、日本においては周囲に配慮する日本人の感性を理解した上で対応することが大切です。

「湯」という言葉

【日本語が持つ豊かさ】

▶ 言葉の成り立ちにも感性が影響している

「湯」という言葉があります。日本人なら誰もがこの単語を見聞きすれば、その意味するところを理解できます。

しかし、この「湯」に相当する単語は他の国には見当たりません。英語では「ホットウォーター」、つまり「熱い水」です。唯一「湯（トウ）」という単語を持つ中国でも、現在では「湯（トウ）」は「スープ」を意味し、お湯のことは「熱水（レシュイ）」などと表現しています。

考えてみれば、「湯」は、物質としては「水」です。ですから、その温度の高いものを「熱い水」と表現されるのは合理的です。欧米の多くの国の言葉は、このように合理的に組み立てられています。こちらのほうが合理的でわかりやすいという気もしてきます。

しかし、改めて「湯」という言葉から思い浮かぶのは「温泉」という言葉です。日本には全国いたるところに温泉があります。日本人が誰しも大好きな場所です。思い浮かべるだけでも温かな気持ちになります。そう、日本には水を沸かすことなく自然の中に「湯」

が存在していたのです。

　日本人は生まれた昔から、そのような自然と触れ合って育ってきたのです。そこから「湯」という言葉を紡ぎ出す感性が育まれたのだと思います。

　だからこそ、日本におけるマーケティングには、**「合理的な側面（数値）」と「情緒的な側面（感性）」の両面が必須**になるのです。

「顔パンツ」と
「鬼滅の刃」

【 世相を映す「感性」】

▶ **コロナ禍に見る日本人の特性**

　コロナ禍において必需品となっていた「マスク」ですが、コロナが落ち着いてきて、マスクの必要性が薄れてきたころ、若者の間ではマスクが「顔パンツ」と呼ばれました。

　マスクを日常的に着用しているうちに、マスクをしていない顔を人に見られるのが恥ずかしくなってしまい、マスクがまるで下着のパンツのような存在になっているというのです。

　海外ではマスク着用に抵抗感がある中で、日本人の規律正しい性格が垣間見ることができる興味深い話です。

　また、同じ時期、映画「鬼滅の刃」が大ヒットしました。映画業界にとってはとても素晴らしいことですが、ヒットの要因を考えると、少しばかり今までの日常感覚と違う不条理の現実を感じます。

　そもそも「鬼滅の刃」は、大正時代を舞台に、人間である主人公が鬼と化した妹を救うために、敵である鬼と戦うという物語です。いわゆる異世界の異能の持ち主たちの物語であり、現実の社会への対応に悩む少年少女たちが入り込みやすい世界なのだと捉えられます。

159

人は昔から変わらず漫画やアニメに対し、非日常の世界を求めます。いわば現実からの逃避でしょう。特に少年少女にとっては、自分が生きるための何らかのヒントや力を得るために重要なファクターになっていることは否めないと思います。

　新型コロナウィルスのために、人々は非日常的な生活を送らざるを得ず、理不尽な世界に立ち向かいました。
　その立ち向かい方が、日本人と欧米人とではかなり違っていたように思います。日本人は世界でも知られているように、従順で規則や慣習を守るということには律儀であり、ほとんどの日本人はマスクをして生活をしていました。
　つまり日本人は、「戦う」というエネルギーを内側に向けて溜め込む志向性を持つと言えます。

　その溜め込まれたエネルギーはともするとフラストレーションとなり、その発散の場として「鬼滅の刃」という非現実の異世界の物語は、「理不尽な生活」から逃避し、ひと時の癒しを与えてくれているのだと感じたのではないでしょうか。あまりに厳しい現実への対処で目一杯になっていた心を潤してくれたのだと思います。

　これは、新しい文化を自分たちの生活を潤すものとして享受するという精神の表われでしょう。

▶ 他国を受け入れ、自国をつくる

　昔から日本人は他民族文化を取り入れることが上手です。縄文時代から近隣の中国や韓国から伝来した文化や技術を取り入れ、日本独自の文化を発展させてきました。その後も西洋からのさまざまな文化や技術、食生活などが入ってくる中、同じように日本独自の文化を醸成してきました。

　このように他国からの強い影響を受けてきたにもかかわらず、日本独自の発展を遂げたのはなぜでしょうか。

　そもそも日本は狭い島国の中に多くの民族が共存し、海、山、平地などに生活する人々がそれぞれ協力し合いながら、お互いの生活を豊かにする知恵を出し合ってきたことにより、日本という国全体が栄えてきました。

　その結果、海外からの文化、他国からの影響があっても「日本」という国として自分を見失わない力があり、現代においても古代からの日本文化が綿々と色あせることなく受け継がれてきたのだと言えるでしょう。

5

日本語の変化

【言葉は時代を表わす】

▶ 変化する日本語

　ある大学教授が、銀座を奥様と一緒に歩いている時に偶然、大学の教え子と遭遇したそうです。するとその学生が挨拶もそこそこに放ったひと言が、「なんだ先生、奥さん普通じゃん」という言葉だったそうです。

　大学で学生から奥様のことを、「どんな方ですか？」と問われることがあっても言葉を濁していたそうですが、さすがに「普通じゃん」と言われ、「普通じゃんとは失礼な奴だな！」と怒ったそうです。するとその学生は焦って、「違います、違います。普通というのは、"普通にきれい"という意味なんです」と慌てて説明したそうです。つまり、今の若者たちの言葉としては、「きれいな人ですね」と言ったのです。

　ほかにも、今は当たり前に使われていますが、「ヤバい」という言葉はよい状況にも、悪い状況にも使われます。また、「ら抜き言葉」という「可能」な状況だけを表わす言葉など、従前の意味とは異なったり、省略された使われ方をしている言葉は多く見られます。

162

現代の日本語は、室町時代に日本語が古代語から近代語へ移っていった時以来の大変革期にあると言われています。多くの言葉は消えていくと思われますが、いくつかは一般的な日本語として定着していくことでしょう。若者がつくり出す言葉は、その時代を反映した言葉です。

　今、使われている言葉を、単に乱れた若者言葉として捉えるのではなく、男女平等や年齢に関係なく「社会における平等化」が進んできた時代を反映し、変化した日本語と捉えるべきでしょう。

6

「感性」も変化する

【「感性」は世の中の変化に呼応する】

▶ 時代と共に感性も変化する

　時代と共に変わるのは言葉だけではなく、人間の感性も変化していっています。前項で述べた若者言葉も、実は男女平等や年齢に関係なく、「社会における平等化」が進んできた時代を反映し、変化した日本語と捉えるべきでしょう。

　「いいっす」「だめっす」や「行くっす」という言葉は、言語表現的には「敬語」と「無敬語」の中間にあたる表現だとされています。話し相手との関係性を、単純に目上と目下として捉えるのではなく、聞き手と話し手の関係性を配慮しながら、失礼のない言葉ということでしょうか。

　若者にとって、スマホが目の前にある生活は、生まれた時から当たり前の光景でしょう。
　私などは電車の中や歩きながらスマホを見ている人を見ると、ちょっと不思議な感覚を持ってしまうのですが、ある時、「あなただって、家にいる時は、テレビをつけっぱなしですよ」と言われ、「そうか」と合点がいきました。私はテレビと共に成長してきたよ

うな年代なので、テレビを見ることは日常の当たり前の姿なのですが、今時の人はテレビなど見ない人も増えているでしょう。スマホで済んでしまいますからね。

このように社会環境は変化し、その社会の中で人は生活をしています。となれば、その時代その時代により、人の感性が変化するのは当然でしょう。

このように、人の感性は時代と共に変化しているので、「売れる勝ち筋」を見つけるためには、日々、常にまわりの出来事をウォッチし続け、その背景や要因を考える習慣を身に着けることが必要となるのです。

Part 3

これからのマーケティングに必要なこと

3章

よいアンケートの
つくり方

―― アンケート設計の基本知識

Marketing

1 「感性データ」の位置付けについて

【マーケティングデータの中の感性データ】

▶ マーケティング活動の中で、調査はどの段階で行なうか

　本章では、次章の「すぐできる『感性マーケティング』のやり方」に進む前に、アンケート設計の基本を確認しておきましょう。

　マーケティング活動、調査、定性データ、感性データといったキーワードの位置付けや関係性を、まず確認しておきます。

　下図の左側は、企業と顧客を結びつけるマーケティング活動の仕組みを記しています。

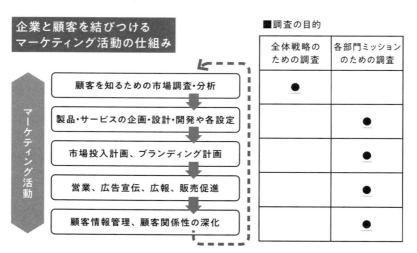

一番上の「顧客を知るための市場調査・分析」を最初に行ない、戦略の方向を決めます。次に、戦略に沿って「製品・サービスの企画」「市場投入計画」「営業、広告宣伝、広報、販売促進」を行ないます。一番下の「顧客情報管理、顧客関係性の深化」から「顧客を知るための市場調査・分析」へ矢印が戻っているのは、定期的に戦略を見直すためです。

　図の右側、表中の黒丸は、プロセスごとに行なう調査の目的を示しています。中長期の戦略立案のための調査と短期的な施策に関わる調査と、調査の性質は異なりますが、マーケティング活動のあらゆるプロセスで調査は行なわれます。

▶ 調査の視点は外部環境と内部環境

　マーケティング調査の視点は大きく２つ、「外部環境」と「内部環境」に分かれます。

外部環境と内部環境

＜外部環境＞	＜内部環境＞
▶ **マクロ環境** 政治、経済、社会、技術など ▶ **ミクロ環境** 自社の企業活動に直接影響を与える 　・市場動向 　・競合動向 　・競合の顧客動向 　・一般消費者の動向	▶ **社内の経営資源** 実績、ブランド力、 技術力、販売力 経営者、事業責任者、 社員・従業員、 自社の顧客動向 その他の経営資源すべて

「外部環境」は、さらに**「ミクロ環境」**と**「マクロ環境」**に分かれます。「ミクロ環境」は、**自社の企業活動に直接影響を与える要因**のことで、自社が対象としている市場の動向、競合動向、競合の顧客動向、消費者の動向です。一方、「マクロ環境」は、**自社ではコントロールできない要因**のことで、政治動向、経済動向、社会動向、技術進歩の動向などです。

　次に「内部環境」は、自社の経営資源のことです。経営資源は、**「ヒト・モノ・カネ・情報・知的財産・時間」**と言われます。

　前ページの図で、点線で囲まれている部分に注目してください。いずれも「人」に関する内容です。人に対して調査をする時は、「感性データ」を収集することができます。

▶ アンケートにおける感性データ

　人の感性をデータで収集する方法のうち、一般的な方法が**「質問法」**の**「アンケート」**です。本項以降は「アンケート」をテーマにします。

　アンケートの回答データには**「定量データ」**と**「定性データ」**があります。

　「定量データ」は、購入した商品の価格や、所要時間、満足のレベルなど、数字を回答してもらった際に得られるデータです。

　次に**「定性データ」は、数字以外の回答データのこと**です。選択式の回答データとフリーアンサー（テキストデータ）です。

アンケートにおける定量データ／定性データ／感性データ

選択式回答
・年代や職業、購入した商品などの設問に対して、選択肢を列挙して、その中からあてはまるものを回答してもらう方法
→ 定性データ

フリーアンサー 自由記述式回答
・購入した理由、満足／不満の理由、子育ての考え方など。回答者の意見・考えを自由に記入してもらう方法
→ 定性データのうち「感性データ」と呼ぶ

数字を回答
・購入した商品の価格や所要時間、人数など、数字で回答してもらう方法
・満足度など段階評価（5段階など）
→ 定量データ

「感性データ」は「定性データ」の一部です。設計された設問に対して、自由に書いてもらうフリーアンサーから回答者の感性（考えや価値観、意志など）を読み取ることができるので「感性データ」と呼びます。

アンケートの回答データは、定量データ、定性データ、感性データに分類できるんだね

2

アンケート設計の際、何に気をつければいいか

【アンケート設計の3ポイント】

▶ アンケートが失敗する要因

　有効活用できるアンケートを設計するためのポイントを確認しておきましょう。

　アンケートは世の中でたくさん実施されていますが、有効活用されていないことがあります。**要因は事前の設計がうやむや**になっているためです。

＜失敗するアンケートの要因の一例＞
・知りたいことが抽象的、定義されていない、範囲が広すぎる
・多様な人から質問を募集したら統一感のない質問リストになった
・意図が不明な質問で集計しても意味がわからなかった

▶ アンケート設計の3ポイント

　アンケートデータを無駄にしないために、また、アンケートに回答してくださった人たちの意見をマーケティング活動に反映させることができるように、アンケートを行なう前にしっかり準備をしましょう。

＜アンケート設計の３ポイント＞
①アンケートの目的、課題、仮説
②対象者／サンプルサイズ／回収率／実施方法
③アンケート票作成／集計・分析計画

①アンケートの目的、調査課題、仮説
　アンケートを行なうために最も大事なことは「目的」と「課題」の設定です。アンケートを行なわなくても把握できる情報は事前に整理し、アンケートを行なう必要のある事項に的を絞った設計を心がけましょう。
　例えば、ある食品会社が現状の商品ポテンシャルと事業体の特性から、既存顧客に次のようなアンケートを行なうことにしました。アンケートの目的と課題については、「自社オリジナルヨーグルトの売り上げ20％アップ」という目的と、目的を実現するための２つの課題、①広いターゲットに響く訴求をする、②メインとなるターゲットの絞り込みを設定したとしましょう。

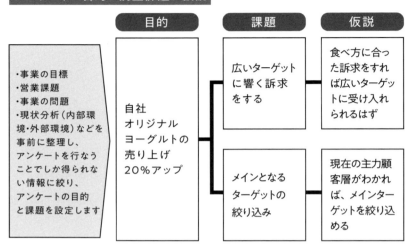

　設定した2つの課題それぞれに対して、アンケートでどのようなことを導き出せば解決できるか「仮説」を設定します。

　課題①「広いターゲットに響く訴求をする」に対しては、「食べ方に合った訴求をすれば広いターゲットに受け入れられるはず」という仮説を、課題②「メインとなるターゲットの絞り込み」に対しては、「現在の主力顧客層がわかれば、メインターゲットを絞り込める」という仮説を設定します。

　この作業の過程で「目的」「課題」が曖昧な場合は、社内のメンバーと話し合い定義しましょう。

②対象者／サンプルサイズ／回収率／実施方法
【対象者】

アンケートの「目的」「課題」が決まったら、アンケートに回答してもらう「対象者」を検討します。「対象者」を決める際は、まず**「母集団」**を決めましょう。「母集団」とはアンケートを行ないたい対象全体のことです。

自社商品の利用満足度についてアンケートを行ないたい場合は「自社商品のユーザー」、20代女性に自社のブランド認知を聞きたい場合は「20代女性」が「母集団」です。

「母集団」を設定したら、当該アンケートの回答者数「サンプルサイズ」（実際に回答を得る対象者の人数。母集団全体を調査することは困難なため、サンプルを抽出して調査を行なう）を決めます。

【サンプルサイズ】

サンプルサイズを決める理由は、当該アンケートの結果が、「母集団」の実態とかけ離れると、統計学的に意味のあるものかどうかが判断できなくなるためです。

母集団の規模に応じたサンプルサイズの目安は次の通りです。

母集団の規模とサンプルサイズの目安

母集団の規模	サンプルサイズ（n）
1,000,000以上	384
100,000	383
10,000	370
1,000	278
100	80
10	10

サンプルサイズは、母集団が 10,000 人以上になると変化はほとんどありません。おおよそ 400 サンプルでよいということがおわかりいただけるでしょう。

　サンプルサイズを調整したい場合は、次のサンプルサイズを求める式を活用してください。

$$\text{サンプルサイズ} = 1.96^2 \times \frac{0.5(1-0.5)}{d^2} \quad \text{d:最大誤差（標本誤差）}$$

①最大誤差（標本誤差、許容誤差）[d] の設定

　誤差が小さいほうがアンケート結果の精度は高くなります。どの程度の誤差まで許容できるかを決めます。1 〜 10％が一般的で、5％（d の値 0.05）に設定することが多いです。

②「1.96」は信頼水準のこと

　信頼水準とは、同じアンケートを繰り返した時にどのくらいの頻度で真に母集団を代表する結果をもたらすかを表わした指標で、95％（値 1.96、約 2 なので値 2）に設定することが多いです。「100 回の調査中 95 回は同様の結果が得られる想定」ということです。

③「0.5」は回答比率のこと

　回答比率とは、例えば、ある商品の購入経験の有無という設問の場合、「購入経験がある」と回答した人の割合のことで、当該アンケートを行なう前にはその回答比率がわからないことが多いので、

一般的には 50%（値 0.5）に設定します。

▶ 400 サンプルとれない場合はアンケートできないの？

実際、アンケート全体で 400 サンプルもない場合があります。また、年代別に 20 代は 30 サンプルしかないなど、層別に見るとサンプルサイズが小さくなる場合があります。

統計的には「30 サンプル（30 人）」以上であれば、サンプルサイズが大きい場合と同様の検定（有意な差と言えるかどうかの判定）が適用可能とされています。したがって、年代など層別する際の集計・分析の最小単位は n=30 以上、できれば n=50 以上と考えるとよいでしょう。できれば調査の回数を重ね、このサンプルサイズの最小単位はどれくらいの規模が妥当かの基準を社内で共有しておくとよいです。

【回収率】

「回収率（回答率）」とは、アンケートを依頼した人のうち何％が実際に回答したかの割合を指します。回収率を高めるために、本章をよくお読みいただき、答えやすいアンケートを設計しましょう。

【実施方法】

アンケートの「実施方法」には、インターネット調査、訪問面接調査、電話調査、郵送調査、ホームユーステスト（自宅で商品を試してもらい評価してもらうなど）、街頭調査などの方法があります。一般的にインターネット調査の実施頻度が高いですが、アンケート回答者が答えやすい実施方法を選ぶと回収率が高まります。

③アンケート票作成／集計・分析計画

事前によく検討したアンケートの「目的」「課題」「仮説」に沿って、何を聞くか「設問」に落とし込み、「アンケート票を作成」しましょう。

先ほど「①アンケートの目的、調査課題、仮説」の項で例にあげた、既存顧客に対して「自社オリジナルヨーグルトの売り上げ20％アップ」を目的としたアンケートを行なう例を使い、続きを説明します。次の図のステップを見てください。

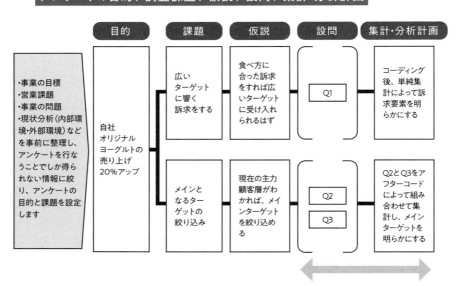

178

設問

Q1 「○○オリジナルヨーグルト」を普段どのように食べていますか？
ご自由にお書きください。

Q2 同居家族について、あてはまるものすべてお選びください。

回答選択肢：配偶者・パートナー、子ども（未就学児）、子ども（小学生）、
子ども（中学生）、子ども（高校生以上）、父、母、その他（　　　　　）

Q3 （Q2で同居の子どもがいる方へ）お子さんの人数をそれぞれ半角数字で
お答えください。

子ども（未就学児）　　　　　　　人

子ども（小学生）　　　　　　　　人

子ども（中学生）　　　　　　　　人

子ども（高校生以上）　　　　　　人

　早速、設問 Q1 〜 Q3 をつくっていきましょう。

　Q1「『○○オリジナルヨーグルト』を普段どのように食べていますか？」は、仮説①「食べ方に合った訴求をすれば広いターゲットに受け入れられるはず」に対応させるためにつくった設問です。

　また、仮説②「現在の主力顧客層がわかれば、メインターゲットを絞り込める」に対応させるためにつくった Q2、Q3「（同居）家族構成」については、事前に把握できているがメインターゲットを決めきれない属性（性別、年代、地域）以外の属性項目をアンケートで聞くことにしました。

設問をつくると同時に、回答データをどのように集計・分析する
か計画しておきましょう。
・Q1 の集計・分析計画は「コーディング後、単純集計によって訴
　求要素を明らかにする」
・Q2 と Q3 の集計・分析計画は「Q2 と Q3 をアフターコードに
　よって組み合わせて集計し、メインターゲットを明らかにする」
　ことにしました。

　アフターコードとは、アンケート後に回答データを分類する作業
のことで、この作業のことを「コーディング」と呼びます。「コー
ディング」については次章で詳しくご説明します。
　また、Q2 と Q3 を組み合わせた分類方法は複数通りあり、分析
者と意思決定者がシミュレーションを行ないながら調査目的・課題
に最適な分類方法を決定します。

　次ページの 2 つの図は、アンケート回答データを集計した結果
です。

アンケートの集計結果

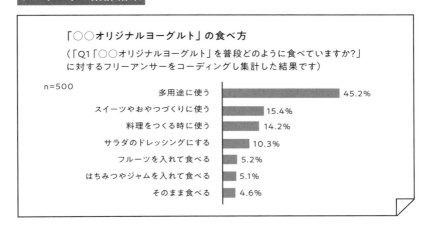

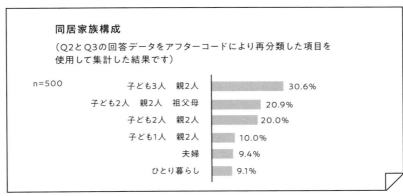

　上段の横棒グラフはQ1を集計した結果、下段の横棒グラフはQ2とQ3を組み合わせた再分類項目で集計した結果です。
　では、集計結果をそれぞれ読み取っていきましょう。

【Q1 ヨーグルトの食べ方について　集計結果】

1位　多用途に使う（45.2%）

　タンドリーチキンやカレーなどの料理づくりやスイーツ・デザート、サラダのドレッシングなど、さまざまなアレンジレシピをつくり、「〇〇オリジナルヨーグルト」を活用して食べると回答した人たちです。

2位　スイーツやおやつづくりに使う（15.4%）

　この項目は、「スイーツ・おやつづくりに使う」のみ回答した人たちです。

3位　料理をつくる時に使う（14.2%）

　この項目は、「料理づくりに使う」のみ回答した人たちです。

4位　サラダのドレッシングにする（10.3%）

　この項目は、「サラダのドレッシングにする」のみ回答した人たちです。

　1位〜4位までの回答割合を合計すると85.1%にもなります。全体の85%の人たちが何らかの料理づくりの際に使って食事やデザートとして食べているわけですから、「〇〇オリジナルヨーグルト」は料理ととても相性のよいヨーグルトであることがわかりますね。

【Q2・Q3の同居家族構成について　集計結果】

1位　子ども3人／親2人（30.6%）……5人家族
2位　子ども2人／親2人／祖父母（20.9%）……6人家族
3位　子ども2人／親2人（20.0%）……4人家族

1位〜3位までの回答割合を合計すると71.5%になります。「〇〇オリジナルヨーグルト」は同居家族の人員数4人以上がメイン顧客層であることがわかりました。世の中では少子化のため家族の人員数が減少している、また超高齢社会でひとり世帯が増加していると言われていますが、この商品のメイン購入層は家族人員数が多い層なので、アンケートを実施して初めて実態を把握できたと言えます。

　売り上げ20%アップを目指した課題解決策については、アンケートの結果から、家族の食生活に合わせて料理に合うヨーグルトを活用した多様なアレンジレシピの提案を行なうことが、戦略の柱になるでしょう。

　この項では、あるヨーグルト商品を例に、たった3問のアンケートでしたが、目的―課題―仮説―設問―集計・分析計画の流れとつながり、そして、アンケートを実施し、実態を把握することの大切さと課題解決に向けた調査結果の活用方法について説明しました。

アンケートを実施する前によく検討しておくと、アンケートの失敗を格段に減らすことができる！

Part 3

これからのマーケティングに必要なこと

4章

すぐできる
「感性マーケティング」
のやり方

―― やってみよう！　誰でもいつでもはじめられる！

Marketing

1

アンケート設計

【取り組みのテーマについて】

▶ **題材は街のカーテンショップ**

　本章では、「これまで一度も感性データを分析したことがないけれど、これから取り組みたい」という方が、本書を見ながらすぐに取り組めることを目的に構成しています。誰でもすぐにはじめられる方法をお伝えします。

　これから、カーテンショップを題材にして進めていきます。

　売り上げが停滞している状況を打開し、売り上げ10%アップを目指したいと考えているカーテンショップのオーナーが、お客さまのニーズを知るべきだろうと考え、初めてアンケートを実施したという想定です。

▶ **アンケート設計**

　次のようにアンケート設計を行ないました。

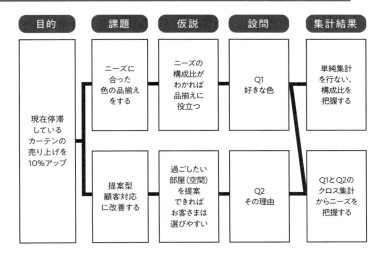

　アンケートへの回答は、来店してくださっているお客さまに協力してもらうことにしました。

▶ アンケートの設問は色と理由

　アンケートの設問は属性（年代、家族構成など）を除いて、2問用意しました。

設問

Q1　リビングのカーテンの色は何色が好きですか？（1つ選択）

　　グリーン　　　　レッド　　　　　ホワイト
　　ブルー　　　　　オレンジ　　　　ブラック
　　パープル　　　　イエロー　　　　ピンク
　　ベージュ　　　　その他（　　　　）

Q2　それはなぜですか？（フリーアンサー）

過ごしたい部屋（空間）をリビングに焦点を絞り、そしてQ1で好きな色を選択してもらい、Q2でなぜその色が好きなのか、理由をフリーアンサーで回答してもらうことで、リビングをどんな部屋にしたいかニーズを把握します。

2

フリーアンサーの
コーディング

【アンケート回収後から集計までのステップ】

▶ **アンケートを回収した後のステップ**

カーテンショップの来店客20人がアンケートに協力してくれました。アンケート回収後は、下記のステップで進めます。

【ステップ1：回答をデータ化する】

アンケート結果は、集計しやすいようにエクセルなどに入力しましょう。入力方法は、次ページの表のようにひとりにつき1行を使います。一番左の列の「No.」が回答者一人ひとりを表わしています。

アンケートの回答データ

No.	Q1好きな色	Q2それはなぜですか
1	グリーン	清涼感があって心が落ち着くから、飽きない
2	ブルー	清潔な感じで涼しげだから
3	パープル	優雅、高級、そんな雰囲気にしたいから
4	ピンク	心が和むから
5	レッド	友達を呼ぶのが好きで、元気になれる気がするから
6	パープル	癒される
7	オレンジ	カジュアルにまとめたいということと、元気になる
8	イエロー	太陽が好きだから、元気をもらえる
9	ベージュ	飽きがこないから
10	ホワイト	すごい清潔っぽい
11	ブラック	高級感、外界と遮断したい
12	ベージュ	自然が好きだから落ち着く、飽きない
13	グリーン	癒される
14	ベージュ	平穏に過ごせる感じがするから
15	ブラック	自分だけの空間にしたいから
16	グリーン	なんとなくいろいろあるのが調和する感じで落ち着く
17	グリーン	涼しげな感じ、それと景色とかいろいろなものとバランスがいい
18	ブルー	仕事をする場所でもあるので、集中できるように
19	ピンク	若返るんじゃないかと思って。自分が元気になれる色
20	グリーン	くつろげる、自然に近い感じ

【ステップ2：フリーアンサーのコーディング】

　アンケート後にフリーアンサーを定量的に分析する目的で加工を行ないます。感性データ（発言）の意味を分類することで集計分析しやすくします。

　このフリーアンサーの加工はアンケート後に行なうので「アフターコード」と呼び、この作業を「コーディング」作業を行なうと言います。具体的には、フリーアンサーを読み込み、キーワード化し

ます。

Q2の回答（フリーアンサー）をキーワード化（例）

No.1	清涼感があって心が落ち着くから、飽きない	清涼感
No.2	清潔な感じで涼しげだから	癒される
No.4	心が和むから	飽きない
No.5	友達を呼ぶのが好きで、元気になれる気がするから	清潔感
No.6	癒される	元気になる
		友達が集う

　No.1の回答者のフリーアンサーに「心が落ち着く」という言葉がありました。それと、No.4の「心が和む」、No.6の「癒される」は、同じ意味合いであると（分析者は）解釈し、それらをくくるキーワードを「癒される」としました。

　同様の方法で、No.1の「清涼感」と、No.2の「涼しげ」は、「清涼感」というキーワードでまとめました。

　このように、**違う言葉であっても、意味合いを解釈し、適したキーワードを割り当てます。**

　慣れるまでは、1問のフリーアンサーあたりの抽出キーワード数を30個程度までにしましょう。30個程度ですと一覧で眺めた時、どんな種類のニーズが出たのか理解しやすいためです。

　キーワード抽出が完了したら、次ページ表の上部の矢印のように、1キーワードを1列とし、どんどん右列へキーワードを追加します。

キーワードを表頭に1列ずつ追加して キーワードの列をつくる

No.	Q1 好きな色	Q2 それはなぜですか	Q2 キーワード 清涼感	癒される	自然の中	調和	飽きない	穏やかな	優雅な高級感	自分空間	元気になる	若返る	友達が集う	カジュアル	太陽を感じる	清潔感	集中できる
1	グリーン	清涼感があって心が落ち着くから、飽きない															
2	ブルー	清潔な感じで涼しげだから															
3	パープル	優雅、高級、そんな雰囲気にしたいから															

続いて、キーワードをカウントできるようにします。

出現したキーワードにフラグ「1」を入力 6人の例

No.	Q1 好きな色	Q2 それはなぜですか	Q2 キーワード 清涼感	癒される	自然の中	調和	飽きない	穏やかな	優雅な高級感	自分空間	元気になる	若返る	友達が集う	カジュアル	太陽を感じる	清潔感	集中できる
1	グリーン	清涼感があって心が落ち着くから、飽きない	1	1			1										
2	ブルー	清潔な感じで涼しげだから	1													1	
3	パープル	優雅、高級、そんな雰囲気にしたいから							1								
4	ピンク	心が和むから			1												
5	レッド	友達を呼ぶのが好きで元気になれる気がするから									1		1				
6	パープル	癒される			1												

1 行目、No.1 さんの Q2「清涼感があって心が落ち着くから、飽きない」は、その右列、抽出したキーワードのうち「清涼感」「癒される」「飽きない」の3キーワードが該当するので、それぞれにフラグ「1」を入力しました。

この作業を 20 回（20 人分）繰り返し、表を完成させます。

キーワードを集計する

【フリーアンサーを定量的に集計する】

Part 3

4章 すぐできる「感性マーケティング」のやり方

▶ **キーワードに分類しフラグ表を完成させて集計する**

【ステップ２：フリーアンサーのコーディング　続き】

下が完成した表です。

では、キーワードの表出数をカウントしてみましょう。

フリーアンサーのコーディング

No.	Q1 好きな色	Q2 それはなぜですか	清涼感	癒される	自然の中	調和	飽きない	穏やか	優雅な高級感	自分空間	元気になる	若返る	友達が集う	カジュアル	太陽を感じる	清潔感	集中できる
1	グリーン	清涼感があって心が落ち着くから、飽きない	1	1			1										
2	ブルー	清潔な感じで涼しげだから	1													1	
3	パープル	優雅、高級、そんな雰囲気にしたいから							1								
4	ピンク	心が和むから		1													
5	レッド	友達を呼ぶのが好きで元気になれる気がするから									1		1				
6	パープル	癒される		1													
7	オレンジ	カジュアルにまとめたいということと、元気になる									1			1			
8	イエロー	太陽が好きだから、元気をもらえる									1				1		
9	ベージュ	飽きがこないから					1										
10	ホワイト	すごい清潔っぽい														1	
11	ブラック	高級感、外界と遮断したい							1	1							
12	ベージュ	自然が好きだから落ち着く、飽きない			1	1	1										
13	グリーン	癒される		1													
14	ベージュ	平穏に過ごせる感じがするから						1									
15	ブラック	自分だけの空間にしたいから								1							
16	グリーン	なんとなくいろいろあるのが調和する感じで落ち着く		1		1											
17	グリーン	すずしげな感じ、それと家具とかいろんなものとバランスがいい	1			1											
18	ブルー	仕事をする場所でもあるので集中できるように															1
19	ピンク	若返るんじゃないかなと思って、自分が元気になれる色										1	1				
20	グリーン	くつろげる、自然に近い感じ			1	1											

193

「清涼感」の列に入力されている「1」の数をカウントすると合計3です。20人のうち「清涼感」を回答した人は3人ということがわかるようになりました。

「癒される」の列の「1」を合計すると7です。

「清涼感」が3人、「癒される」が7人なので、比較すると、「癒される」部屋にしたいと思っている人が多いことがわかります。

【ステップ3：単純集計、クロス集計を行なう】

アンケートデータの基本集計2種（単純集計、クロス集計）を活用してフリーアンサーの集計を進めます。

「Q1. 好きな色」10色を軸に10行でまとめ直したものが下表です。単位は度数（人数）です。

度数（人数）による単純集計、クロス集計

Q1 好きな色	度数/回答者数	清涼感	癒される	自然の中	調和	飽きない	穏やか	優雅な高級感	自分空間	元気になる	若返る	友達が集う	カジュアル	太陽を感じる	清潔感	集中できる
グリーン	5	2	4	1	2	1										
ベージュ	3		1	1		2	1									
ブルー	2	1													1	1
ホワイト	1														1	
パープル	2		1					1								
ブラック	2		1						2							
ピンク	2									1	1					
レッド	1									1		1				
オレンジ	1									1			1			
イエロー	1									1				1		
各列合計	20	3	7	2	2	2	1	1	2	4	1	1	1	1	2	1

表中の縦に点線で囲んだ①は、Q1の「単純集計」結果です。20人の回答者が「Q1 好きな色」について、何色に何人回答したかがわかります。

表中の横に点線で囲んだ②は、「Q2 それはなぜですか」のキーワードを「単純集計」した結果です。それぞれのキーワードの出現数がわかります。

表中の黒色線③はQ1とQ2の「クロス集計」結果です。例えばQ1で「グリーン」と回答した5人のうち、4人が「癒される」、2人が「清涼感」と「調和」を、1人が「飽きない」を回答したことがわかります。

ここまでは「度数（人数)」による計算でした。次は、相対比較をしやすくするために「回答割合（％)」を計算します。

先に完成表を掲載します。

回答割合（%）による単純集計、クロス集計　完成表

Q1 好きな色	度数(回答者数)	Q1(%) ①	清涼感	癒される ③	自然の中	調和	飽きない	穏やか	優雅な高級感	自分空間	元気になる	若返る	友達が集う	カジュアル	太陽を感じる	清潔感	集中できる
グリーン	5	25.0	40.0	80.0	20.0	40.0	20.0										
ベージュ	3	15.0		33.3	33.3		66.7	33.3									
ブルー	2	10.0	50.0													50.0	50.0
ホワイト	1	5.0														100.0	
パープル	2	10.0		50.0						50.0							
ブラック	2	10.0							50.0	100.0							
ピンク	2	10.0		50.0 ④							50.0	50.0					
レッド	1	5.0									100.0		100.0				
オレンジ	1	5.0									100.0			100.0			
イエロー	1	5.0	②								100.0				100.0		
	20	100.0	15.0	35.0	10.0	10.0	15.0	5.0	10.0	10.0	20.0	5.0	5.0	5.0	5.0	10.0	5.0

前ページの図①②③④を例に、求め方（計算式）を説明します。

① Q1「グリーン」の回答割合①の求め方

「グリーン」と回答した人は20人中5人です。
　5÷20×100=25.0(%)……①
「ベージュ」以下「イエロー」まで同様の方法で計算します。

② Q2「清涼感」の回答割合②の求め方

「清涼感」と回答した人は20人中3人です。
　3÷20×100=15.0(%)……②
「癒される」以降「集中できる」まで同様の計算方法です。①と②は単純集計なので考え方は同じです。

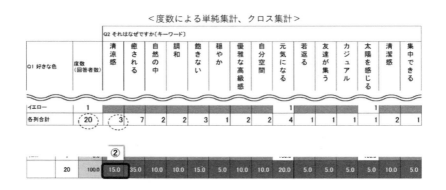

③ Q1「グリーン」と Q2「癒される」のクロス集計③の求め方

「グリーン」と回答した5人のうち、「癒される」と回答した人が
4人、つまり5人中4人が何割かを計算します。

$4 \div 5 \times 100 = 80.0(\%)$……③

「グリーン」の行はすべて5で割ります。

＜度数による単純集計、クロス集計＞

Q1 好きな色	度数 (回答者数)	清涼感	癒される	自然の中
グリーン	（5）	2	（4）	
ベージュ	3		1	
ブルー	2	1		

Q2 それはなぜですか〔

Q1 好きな色	度数 (回答者数)	Q1(%)	清涼感	癒される ③	自然の中
グリーン	5	25.0	40.0	80.0	2
ベージュ	3	15.0		33.3	3
ブルー	2	10.0	50.0		

Q2 それはなぜですか〔キー

④：Q1「ピンク」と Q2「癒される」のクロス集計④の求め方

「ピンク」の行の「癒される」は、2で割ります。

$1 \div 2 \times 100 = 50.0(\%)$……④

クロス集計は、行ごとに Q1の度数で割ります。

4 集計結果を読み取る

【顧客のニーズを的確に把握する】

▶ **集計結果の読み取り方**

【ステップ４：集計結果を読み取る】

　クロス集計の表を仕上げたら、集計結果を読み取りましょう。

　慣れるまでは、読み取るステップを２段階に分けるとよいでしょう。

・**段階１は一つひとつの結果を丁寧に読み取る**

　単純集計結果の読み取り方は、Q1とQ2それぞれにおいて、回答割合と順位を確認して、何がどのくらい多いか・大きいか、何がどのくらい少ないか・小さいかを把握します。１位のほうが２位より圧倒的に大きいというような気づきを得ることができたら、マーケティング戦略や施策に活かすことができます。

　クロス集計結果の読み取り方は、最初はなかなか難しいと思います。読み取りに慣れるまでは、行ごとに順位と割合を一つひとつ書き出す作業をするとよいでしょう。

回答割合（％）による単純集計、クロス集計（再掲）

Q2 それはなぜですか（キーワード）

Q1 好きな色	度数(回答者数)	Q1(%)	清涼感	癒される	自然の中	調和	飽きない	穏やか	優雅な高級感	自分空間	元気になる	若返る	友達が集う	カジュアル	太陽を感じる	清潔感	集中できる
グリーン	5	25.0	40.0	80.0	20.0	40.0	20.0										
ベージュ	3	15.0		33.3	33.3		66.7	33.3									
ブルー	2	10.0	50.0													50.0	50.0
ホワイト	1	5.0														100.0	
パープル	2	10.0		50.0					50.0								
ブラック	2	10.0								100.0	50.0						
ピンク	2	10.0		50.0								50.0					
レッド	1	5.0									100.0		100.0				
オレンジ	1	5.0									100.0			100.0			
イエロー	1	5.0									100.0				100.0		
	20	100.0	15.0	35.0	10.0	10.0	15.0	5.0	5.0	10.0	20.0	5.0	5.0	5.0	5.0	10.0	5.0

　書き出し方の例をあげてみましょう。

　「グリーン」……1位：癒される（80.0％）、2位：清涼感・調和（各40.0％）、3位：自然の中・飽きない（各20.0％）

　他の行（「ベージュ」以下の各色）も同じように書き出します。
　一つひとつ書き出し終わったら、今度は視野を広げることを意識して、全体を眺めて書き出した内容を俯瞰的に捉えます。

・段階2は集計結果を読み込み理解する

　俯瞰的に捉える際、最初に行なったアンケート設計の「目的」と「課題」を思い出しながら、集計結果を読み込み理解します。
　データの傾向やニーズのかたまりに気づけるようになると、クロス集計結果の読み取りに慣れてきたことを実感できます。

集計結果の読み取り例を示したものが下の表です。４つのニーズのかたまりに気づき枠で囲みました。

回答割合による単純集計、クロス集計　マーキング

Q1 好きな色	度数(回答者数)	Q1(%)	Q2 それはなぜですか〔キーワード〕														
---	---	---	清潔感	癒される	自然の中	調和	飽きない	穏やか	優雅な高級感	自分空間	元気になる	若返る	友達が集う	カジュアル	太陽を感じる	清潔感	集中できる
グリーン	5	25.0	40.0	80.0	20.0	40.0	20.0										
ベージュ	3	15.0		33.3	33.3		66.7	33.3									
ブルー	2	10.0	50.0													50.0	50.0
ホワイト	1	5.0														100.0	
パープル	2	10.0		50.0					50.0								
ブラック	2	10.0							50.0	100.0							
ピンク	2	10.0		50.0							50.0	50.0					
レッド	1	5.0									100.0	100.0					
オレンジ	1	5.0									100.0		100.0				
イエロー	1	5.0									100.0				100.0		
	20	100.0	15.0	35.0	10.0	10.0	15.0	5.0	10.0	10.0	20.0	5.0	5.0	5.0	5.0	10.0	5.0

　「グリーン」と「ベージュ」は「飽きのこないインテリアとも調和がとれる」リビングにしたいニーズ。暖色系は「元気になる」空間にしたいニーズ。「ブルー」と「ホワイト」は「清潔感のある集中できる」空間にしたいニーズ。「パープル」と「ブラック」は「自分だけの優雅な時間を過ごす」空間にしたいニーズ、といった具合です。

　みなさんはどのように読み取りましたか？

フリーアンサーの
役立て方の再確認

【フリーアンサーは「キーワードとフラグ」
に変換して分析】

▶ **マーケティング活動に役立てる!**

【ステップ5:アンケート結果から対策や打ち手を検討する】

　今回のカーテンショップのアンケートの「目的」と「課題」は、次の通りでした。

　目的:カーテンの売り上げを10%アップ

　課題1:ニーズに合った色の品揃えをする

　課題2:提案型顧客対応に改善する

【課題1:ニーズに合った色の品揃えをする】

　この課題に対しては、Q1から答えを求める設計でした。

Q1の構成比

Q1好きな色	度数 （回答者数）	Q1（％）
グリーン	5	25.0
ベージュ	3	15.0
ブルー	2	10.0
ホワイト	1	5.0
パープル	2	10.0
ブラック	2	10.0
ピンク	2	10.0
レッド	1	5.0
オレンジ	1	5.0
イエロー	1	5.0
	20	100.0

Q1の回答割合を、カーテンのカラーバリエーションの構成比に役立てることができます。

　Q1の回答割合を、「カーテンの色の品揃え」という商品戦略に役立てることができます。

【「課題2」提案型顧客対応に改善する】

　課題2に対しては、Q1×Q2のクロス集計結果から対策を考える設計でした。先ほどのクロス集計結果から、4つのニーズのかたまりを把握しました。

クロス集計結果から読み取った4つのニーズのかたまり

①「グリーン」と「ベージュ」は
　「飽きのこないインテリアとも調和がとれる」リビングにしたいニーズ
②「暖色系」は「元気になる」空間にしたいニーズ
③「ブルー」と「ホワイト」は「清潔感のある集中できる」空間にしたいニーズ
④「パープル」と「ブラック」は
　「自分だけの優雅な時間を過ごす」空間にしたいニーズ

これら4つのニーズを踏まえて、「提案型顧客対応」という営業戦略を具体化できます。
　4つのニーズそれぞれに対応する空間提案を行なうという方針もとれますし、いずれかに焦点を絞る方針もとれます。

　方針が決まったら、
・店舗内で実施する策
・電話やオンラインの相談窓口で実施する策
・オンラインやオフラインでの販促ツールを使って実施する策
・その他、他店とのコラボレーションによって実現する策
　などについて検討できます。注意する点は、それぞれの策がバラバラにならないように、方針に沿って連携させて具体的に落とし込みましょう。

　本章では、フリーアンサーという感性データを、マーケティング戦略や施策に活かす「感性マーケティング」の基本的なやり方を解説しました。

初めて感性データの分析に取り組む人は、本章の順番に沿って進めてみましょう

6
フリーアンサーは
マーケティング活動に
大いに役立つ

【顧客の声を活用しよう】

▶ 数量化理論Ⅲ類を用いた分析結果

　最後に、事例の章で登場した数量化理論Ⅲ類手法を用いて、カーテンショップのアンケートデータを分析すると、右図のアウトプットを得ることができます。クロス集計結果より視覚的に捉えやすいでしょう。

▶ 顧客の声に立脚したマーケティング活動で成果を出す

　顧客の声に立脚したフリーアンサー（感性データ）の定量的分析は、戦略立案の際の意思決定に役立ち、また、マーケティング活動の成果に直結する、重要な手法です。

　本書をお読みになったみなさんは、「感性マーケティング」法の基本のやり方と活用方法、そこから得られる知見の大切さを学ばれました。

　お手元に顧客の声（のデータ）があるようでしたら、ぜひすぐに「感性マーケティング」をはじめてみてください。そして、顧客の声を捉え、それをビジネスに活かしてください。きっと効果的な販売促進や競争力の強化、顧客とコミュニケーションをとりやすくなったなどの成果を得ることができるでしょう。

204

カーテンショップのアンケート　数量化理論Ⅲ類分析

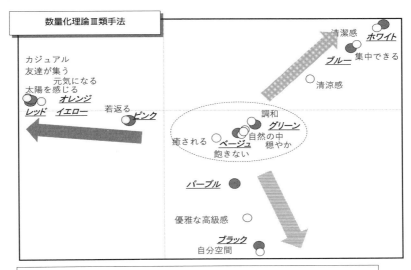

■インプットデータ
● かつアンダーラインの項目：Q1：リビングのカーテンの色は何色が好きですか。（１つ選択）
○（白抜きの円）の項目：Q2：それはなぜですか。（フリーアンサー）

〈 おわりに 〉

「感性マーケティング」は、

・顧客のフィードバック（顧客からの意見）に対する深い理解
・顧客価値（顧客が感じる商品に対する価値）の確認
・競合商品との比較による顧客が感じる自社の優位性の理解
・新商品に対する評価（定量評価とその理由）
・顧客潜在ニーズの発見
・自社既存顧客と価値観が相似する新規ターゲットの発見
・自社商品（製品・サービス）やブランドへの認知、理解促進
・広告への反応を高めるキーコンテンツづくり
・顧客ニーズを踏まえた営業戦略の見直し
・自社オリジナルの評価指標（定点観測のための指標）づくり
・広報戦略の方向性の見極め

　これら多くの施策を可能にし、顧客起点で商品（製品・サービス）の売り上げをより拡大する戦略策定に役立ちます。

　ですから、「感性マーケティング」は「顧客の意識」を知る必要がある部門だけでなく、「ステークホルダー（企業の利害に関連するすべての人）の考えや思い」を知る必要がある部門すべての人に役立つノウハウです。具体的には、経営戦略部門、マーケティング部門、商品開発部門、営業部門、販売促進部門、広報部門、企画部

門、研究部門、ブランド戦略部門、品質保証部門、カスタマーセンターなど、活用範囲は幅広いものになります。

　世の中には、「定量データ」と「定性データ」が存在します。
　定量データは、数値で表わされていてわかりやすく、取り扱いも楽なため、マーケティングの世界で活用されてきました。しかし、定性データは、言葉で表現されたものなので、数値化が難しく、大事なことはわかっていても、取り扱いが難しく、あまり活用されていませんでした。定量データはもちろん重要なデータですが、定性データ（感性データ）と組み合わせることにより、顧客（の感性）と共創するというプロセスがバリューチェーン（価値連鎖）に組み込まれるので、将来的洞察力が得られ、企業の売り上げを伸ばすことができます。

　このようなノウハウを書籍として出版できたことを大変うれしく思います。本書の出版に多大なご尽力をいただいた同文舘出版の津川雅代様に心より感謝申し上げます。

　本書は、マーケティング初心者や顧客調査の定性データ分析に課題を持っている方向けに、顧客起点のマーケティング思考をまとめ

ました。そのようなみな様が活躍するために、本書が少しでもお役に立てれば幸いです。

　私たち一般社団法人日本マーケティング・リテラシー協会は、「感性マーケティング」の知識・知見・体系を基軸に、「つくり手と使い手の共創価値創造」を目指す企業様と共に活動を続け、社会の役に立ち続けたいと思います。

2024年8月

一般社団法人 日本マーケティング・リテラシー協会

代表理事　森田広一

理事　堀内香枝

著者略歴

森田　広一（もりた　ひろかず）

一般社団法人 日本マーケティング・リテラシー協会（JMLA）代表理事

広告代理店でマーケティング戦略立案、コンサルティングファームでデータ分析や各種のコンサルティング業務を経験。そこで培われたノウハウをもとに人間の「感性」を紐解く独自の分析手法を確立し、そのノウハウを広く世の中に伝えるべく、一般社団法人日本マーケティング・リテラシー協会を設立。目に見えない消費者の深層心理「感性」を数値化し分析することにより、消費者や企業の隠れた欲求を解明し、各種提案やマーケティング戦略立案に役立てる分析体系を教える講座を開設。現在、さまざまな業種、職種の受講者から評価を得て、大手コンサルティング企業などの昇格必須講座としても認定されている。同時に各種企業のマーケティングコンサルタントとしても活動中で、現代企業の悩み解決の実質的なサポート活動も継続している。共著に『図解と実例でわかる　事業戦略実践ブック』（日本実業出版社）がある。

● JMLA での主な担当講座

「JMLA ベーシックパスポート」マーケティング実用資格講座

「JMLA マーケティング解析士プロフェッショナル 感性」感性マーケティング実用資格講座

堀内　香枝（ほりうち　かえ）

一般社団法人 日本マーケティング・リテラシー協会（JMLA）理事

新商品／新事業企画・開発「WAKU WAKU 創造 LABO（ワクラボ）」マーケティングコンサルタント

日本感性工学会正会員

20 年以上にわたりマーケティングの最前線で経験と実績を積み重ね、食品メーカーの顧客満足度調査、小売業 PB 商品の売り伸ばし戦略策定、EC モールの販売促進戦略立案のためのターゲティング、日用品メーカーの販促効果測定支援、マーケティング会社のリサーチ人材育成など、顧客起点のマーケティング推進をサポートする。得意分野は、マーケティング課題における「人間の感性を見える化」するノウハウ。感性とシステマティックさを融合させた手法を駆使し、企業の競争力向上、商品開発、新規顧客獲得、新市場参入などにおけるマーケティングサポートや研修講師として活動中。

一般社団法人日本マーケティング・リテラシー協会主催の感性マーケティング講座では、定性データを量的に分析するスキルとその結果を戦略や施策に活用する方法を体系的に解説。共著に『図解と実例でわかる　事業戦略実践ブック』（日本実業出版社）がある。

● JMLA での主な担当講座

「JMLA ベーシックパスポート」マーケティング実用資格講座

「JMLA マーケティング解析士プロフェッショナル 感性」感性マーケティング実用資格講座

「認定講座を受講する前に、聞いて納得! 無料セミナー」

一般社団法人 日本マーケティング・リテラシー協会　https://www.marketing-literacy.org/

お客さまの声から見つける売り伸ばし戦略
「感性マーケティング」

2024 年 9 月 4 日初版発行

著　者 —— 森田広一　堀内香枝

発行者 —— 中島豊彦

発行所 —— 同文舘出版株式会社

　　　　　東京都千代田区神田神保町 1-41　〒 101-0051
　　　　　電話　営業 03 (3294) 1801　編集 03 (3294) 1802
　　　　　振替 00100-8-42935
　　　　　https://www.dobunkan.co.jp/

©H.Morita, K.Horiuchi　　　　　　ISBN978-4-495-54165-1
印刷／製本：萩原印刷　　　　　　Printed in Japan 2024

JCOPY ＜出版者著作権管理機構 委託出版物＞

本書の無断複製は著作権法上での例外を除き禁じられています。複製される場合は、そのつど事前に、
出版者著作権管理機構（電話 03-5244-5088、FAX 03-5244-5089、e-mail: info@jcopy.or.jp）の
許諾を得てください。